3., aktualisierte Auflage 2009

© Verlag Herder GmbH, Freiburg im Breisgau 2007
Alle Rechte vorbehalten
www.herder.de

Gesamtgestaltung: Weiss-Freiburg GmbH, Grafik und Buchgestaltung
Herstellung: Himmer, Augsburg

Gedruckt auf umweltfreundlichem,
chlorfrei gebleichtem Papier
Printed in Germany

ISBN 978-3-451-29624-6

Julia Knop

99 FRAGEN UND ANTWORTEN

Rund um den Glauben

Mit Illustrationen
von Rolf Bunse

FREIBURG · BASEL · WIEN

Inhaltsverzeichnis

Rund um die Bibel

Was ist die Bibel? 10
Wer hat die Bibel geschrieben? 11
Gibt es eine Gebrauchsanweisung
für die Bibel? 14
Worum geht es im Alten Testament? 16
Hat Gott wirklich die Welt
in sieben Tagen erschaffen? 17
Welche Weisheit steht in
den Weisheitsbüchern? 18
Sagt die Bibel auch etwas
über die Zukunft? 19
Warum passiert in der Bibel
so viel in der Wüste? 20
Wie neu ist das Neue Testament? 21
Was ist ein Evangelium? 22
Welche sind die wichtigsten Texte
der Bibel? 24
Was erzählt die Bibel über
Weihnachten? 26
Was ist so besonders an Jesus? 27
Wer sind die Apostel? 28

Rund um den Glauben

Was ist eine Religion? 30
Glauben alle Menschen an Gott? 31
Wie kann man etwas über
Gott herausfinden? 32
Kann man beweisen, dass es
Gott gibt? 33
Was ist ein Christ? 34
Wo kann man nachlesen, was
die Christen glauben? 35

Was bedeutet „Amen"? 36
Hatte Jesus einen Doppelnamen? 36
Wer war Jesu bester Freund? 37
Was hat Jesus den ganzen Tag gemacht? . . 38
Konnte Jesus zaubern? 39
Hat Jesus auch gebetet? 40
Kann ich Gott um alles bitten? 41
Warum ist Jesus gestorben? 42
Hat sich Jesus in Luft aufgelöst? 44
Warum ist das Kreuz so wichtig
für die Christen? 45
Haben die Christen Geheimnisse? 46
Spukt es in der Kirche? 47
Wo ist der Himmel? 48
Kommen Hunde in den Himmel? 48
Haben Engel Flügel? 49
Wohnt der Teufel in der Hölle? 49

Rund um die Kirche

Was ist eine Kirche? 52
Was macht der Hahn auf dem Turm? 53
Wie sieht eine Kirche von oben aus? 54
Wie sieht eine Kirche von innen aus? 55
Wo steht der Altar? 56
Was ist ein Tabernakel? 57
Wie macht man eine Kniebeuge? 58
Woher kommt die Musik? 59
Darf man in der Kirche fangen spielen? . . . 60
Wofür sind die Kammern
an den Wänden? 61
Warum riecht es hier so komisch? 62
Wo kann ich eine Kerze anzünden? 63
Was ist ein Rosenkranz? 64
Wie viele Kirchen gibt es? 65
Was bedeutet katholisch und

Inhaltsverzeichnis

evangelisch und orthodox? 66

Worin unterscheiden sich die Christen? . . . 67

Woran kann man erkennen, ob eine Kirche
katholisch oder evangelisch ist? 68

Welche Berufe gibt es in der Kirche? 69

Wie wird man Messdiener? 70

Wofür ist der Papst zuständig? 71

Wie schnell fährt das Papamobil? 72

Wie wird man Papst? 73

Was ist ein Konzil? 74

Was ist ein Bistum? 74

Darf der Bischof auch normale
Sachen tragen? 75

Wo zieht sich der Pfarrer zum
Gottesdienst um? 76

Rund um den Gottesdienst

Was ist ein Sakrament? 78

Wie viele Sakramente gibt es? 79

Was passiert bei der Taufe? 80

Wann kann ich gefirmt werden? 81

Ist Kommunion dasselbe wie
Erstkommunion? 82

Wie feiert man Eucharistie? 83

Knien – muss das so unbequem sein? 84

Wie läuft der Gottesdienst ab? 85

Wann mache ich was während
des Gottesdienstes? 86

Warum dauert die Predigt immer
so lange? 88

Was passiert mit dem Geld? 89

Wozu ist das Beichten gut? 90

Wie geheim ist das Beichtgeheimnis? 91

Warum werden Kranke gesalbt? 92

Warum heiraten die Christen zweimal? . . . 93

Wie wird man Priester? 94

Warum darf ein Priester nicht heiraten? . . . 95

Ist die Beerdigung auch ein Sakrament? . . . 96

Rund um das Kirchenjahr

Wer hat die Wochentage erfunden? 98

Gibt es besondere Zeiten? 99

Wann beginnt der Tag? 100

Was ist das Kirchenjahr? 101

Kann sich der Pfarrer aussuchen,
welches Gewand er anzieht? 102

Wer bringt die Geschenke: der
Nikolaus oder der Weihnachtsmann? . . . 104

Warum feiern wir jedes Jahr
Advent und Weihnachten? 105

Was ist das Besondere an Weihnachten? . 106

Warum steht an manchen Häusern
ein Geheimzeichen? 107

Wie lange dauert die Fastenzeit? 108

Darf man in der Fastenzeit
Schokolade essen? 109

Was hat der Palmsonntag mit
Palmen zu tun? 110

Wie lange dauert das Osterfest? 111

Warum wäscht der Priester
anderen Leuten die Füße? 112

Warum heißt der Karfreitag
Karfreitag? 113

Was passiert in der Osternacht? 114

Wieso feiern wir immer an einem
anderen Datum Pfingsten? 115

Warum tragen Katholiken eine Hostie
durch die Stadt? 116

Wie wird man heilig? 117

Register 118

Rund um
die Bibel

Was ist die Bibel?

Das Wort „Bibel" kommt aus der griechischen Sprache. „Biblia" ist auf Griechisch die Mehrzahl von „biblos" oder „biblion", das bedeutet: „Buch". Bibel heißt also: „Bücher". Die Bibel ist das Buch der Bücher. Denn in dem einen Buch Bibel sind viele verschiedene Bücher gesammelt. Damit ist die Bibel quasi eine kleine Bibliothek mit insgesamt mehr als sechzig verschiedenen Büchern.

Wusstest Du schon, dass das Wort „Bibel" in der ganzen Bibel kein einziges Mal auftaucht? Hier ist nur von „den Schriften" oder von „der Heiligen Schrift" die Rede.

Die Bibel der Christen besteht aus zwei Teilen. Sie nennen den ersten Teil das *Alte Testament* und den zweiten das *Neue Testament*.

Das Alte Testament enthält Erzählungen, Gebete und Lieder aus der Geschichte Gottes mit seinem Volk.

Gottes Volk ist das Volk Israel, das Volk der Juden. Das Alte Testament gibt Zeugnis von dem Bund, den Gott mit dem Volk Israel geschlossen hat. Jesus war Jude. Wenn er seine Verbindung zu Gott, seinem Vater, erklärt hat, tat er das mit Gedanken aus der Heiligen Schrift der Juden.

Im Neuen Testament stehen vier verschiedene Berichte über Jesus, sein Leben, seine Ansichten, seinen Tod und seine Auferstehung. Außerdem gibt es einige Briefe der Apostel und Gemeindeleiter an die ersten christlichen Gemeinden. Im Neuen Testament erfährt man also nicht nur etwas über Jesus. Man erfährt auch etwas darüber, wie die Kirche entstanden ist und wie sie sich am Anfang entwickelt hat.

Rund um die Bibel

Wer hat die Bibel geschrieben?

Die verschiedenen Schriften der Bibel sind zum Teil schon 3 000 Jahre alt. Ihr Entstehungszeitraum umfasst mehr als 1 000 Jahre. Und das ist so lange her, dass sich heute kaum noch sagen lässt, wer die Autoren waren. Viele Menschen haben daran mitgewirkt. Einige haben Erzählungen, Verheißungen, Gebote, einzelne Sprüche, Gebete aus dem Gottesdienst, Lieder und vieles mehr aufgeschrieben. Andere haben Texte gesammelt, die für das Leben und den Gottesdienst wichtig waren. Im Lauf der Zeit wurden die vielen Texte erweitert und gekürzt. Ganze Pakete von Texten wurden zusammengebaut. Aus solchen Büchern und Schriften wurde schließlich ein Buch: die Bibel.

Viele der biblischen Bücher sind nach einer Person benannt, auch wenn diese mit der Niederschrift der Texte gar nichts zu tun hatte. Zum Beispiel heißen die Bücher der Propheten nach den Propheten selbst, sind aber mit großer Wahrscheinlichkeit erst von den Schülern der Propheten aufgeschrieben worden. Oder sie sind nach der Hauptfigur benannt, wie zum Beispiel das Buch Ester, das von der mutigen Königin Ester erzählt.

Andererseits stehen gerade im Neuen Testament viele Bücher, die ausdrücklich nach ihrem Verfasser benannt wurden. Zum Beispiel die Briefe des Paulus. Paulus schrieb an die jungen Gemeinden, so ähnlich, wie heute die Bischöfe oder der Papst an die Gemeinden Hirtenbriefe schreiben.

Paulus, durch Gottes Willen berufener Apostel Christi Jesu [...] an die Kirche Gottes, die in Korinth ist. 1 Kor 1,1-2

Im Neuen Testament sind auch Schriften über Jesu Leben und seine Botschaft zu finden: Die Evangelien. Sie entstanden ganz ähnlich wie die Schriften des Alten Testaments, nur in einem kürzeren Zeitraum: Sie sind aus Textbausteinen, aus Erzählungen und aus Gebeten des Gottesdienstes zusammengewachsen. Das letzte Buch der Bibel ist die Offenbarung des Johannes, eine Sammlung von Visionen über das Ende der Zeiten.

Es haben also ganz viele Menschen dazu beigetragen, dass es die Bibel, so wie wir sie kennen, heute gibt. Die Christen glauben, dass alle diese Autoren und Textsammler vom Geist Gottes motiviert und getragen wurden. Die Bibel ist Gottes Wort in Worten von Menschen.

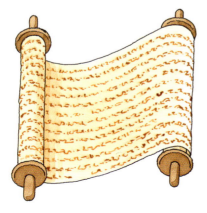

Die ersten Texte der Bibel wurden wahrscheinlich auf Schriftrollen aus Papyrus oder auf dünne ungegerbte Tierhäute geschrieben.

Rund um die Bibel

Überblick über die biblische Geschichte

Am Anfang aller Zeiten
erschafft Gott die Welt. Er hat sie sehr schön gemacht.

Um 870–850 v. Chr.
wirkt der Prophet Elia im Nordreich.

Um 1800 v. Chr.
zieht Abraham auf Gottes Ruf von Ur in Chaldäa nach Kanaan in das Gelobte Land.

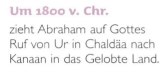

Um 740 v. Chr.
wird Jesaja in Jerusalem von Gott zum Propheten berufen.

Zwischen 1800 und 1600 v. Chr.
leben die Erzväter Abraham, Isaak und Jakob. Jakob hat 12 Söhne. Ihre Kinder und Enkel bilden die 12 Stämme Israels.

Um 721 v. Chr.
erobern die Assyrer Israel. Damit geht das Nordreich unter. 701 v. Chr. wird Jerusalem belagert.

Um 1250 v. Chr.
sind die Israeliten Sklaven in Ägypten. Gott ermöglicht ihre Flucht. Mose führt sie durch die Wüste Sinai zum verheißenen Land.

586–538 v. Chr.
erobern und zerstören die Babylonier Jerusalem und den Tempel. Das Volk Israel muss ins Exil.

Um 1050–930 v. Chr.
sind Saul, David und Salomo Könige. David macht Jerusalem zur Hauptstadt. Salomo baut den ersten Tempel in Jerusalem.

538 v. Chr.
erobert der Perserkönig Kyrus Babylon. Die Juden dürfen heimkehren und ihren Tempel in Jerusalem wieder aufbauen.

931 v. Chr.
zerfällt das Reich Salomos in zwei Teile: in Israel (das Nordreich) und Juda (das Südreich).

332 bis etwa 140 v. Chr.
streiten sich die Nachfolger des griechischen Königs Alexanders d. Gr. um die Herrschaft in Palästina.

Rund um die Bibel

Um 250 v. Chr.
beginnt die Arbeit an der griechischen Übersetzung der hebräischen Bibel (die Septuaginta).

Bald danach
begegnet der auferstandene Jesus den Jüngern. Sie empfangen den Heiligen Geist. Die Kirche entsteht.

167 v. Chr.
kämpft Judas Makkabäus gegen die seleukidischen Herrscher. 164 v. Chr. wird der Tempel wieder eingeweiht.

Um 47 n. Chr.
unternimmt Paulus die erste von drei Missionsreisen. Er gründet christliche Gemeinden in Rom, Griechenland und Kleinasien.

63 v. Chr.
erobert Pompeius Jerusalem. Bis 330 n. Chr. bleibt Palästina unter römischer Herrschaft.

Um 48 n. Chr.
wird eine wichtige Entscheidung getroffen: Heiden können Christen werden, ohne dass sie vorher Juden werden müssen.

Um 6 v. Chr.
wird Jesus geboren. Mit etwa 12 Jahren diskutiert er mit den Gelehrten im Tempel.

Zwischen 50 und 120 n. Chr.
entstehen die Schriften des Neuen Testaments.

Um 27 n. Chr.
wird Jesus im Jordan getauft. Er beruft viele Jünger. Er erzählt vom Reich Gottes.

70 n. Chr.
erobert der Römer Titus Jerusalem und zerstört den Tempel, der nie wieder aufgebaut wurde. 135 n. Chr. werden die Juden sogar aus Jerusalem vertrieben.

30 n. Chr.
geht Jesus zum Passahfest nach Jerusalem. Er feiert mit seinen Freunden das Abendmahl. Er wird zum Tod verurteilt und stirbt am Kreuz.

311 n. Chr.
endet die Verfolgung der Christen durch den römischen Staat.

Gibt es eine Gebrauchsanweisung für die Bibel?

Wusstest du schon, dass die Bücher der Bibel teilweise auf Hebräisch, teilweise auf Aramäisch und teilweise auf Griechisch entstanden sind? Heute haben wir Übersetzungen in allen Sprachen. Schon zur Zeit Jesu gab es eine griechische Übersetzung der hebräischen Bibel: die Septuaginta. Später wurde in der Kirche vor allem eine lateinische Übersetzung verwendet. Sie heißt Vulgata. Viele der biblischen Texte, die in die Gebete des Gottesdienstes eingegangen sind, stammen aus dieser lateinischen Fassung. Heute verwenden wir zu Hause und im Gottesdienst eine Übersetzung in der Sprache, die wir am besten sprechen können: in Deutschland eine deutsche Übersetzung, in China eine chinesische und in Frankreich eine französische Übersetzung.

Wenn man die Bibel lesen möchte, kann man natürlich wie bei jedem Buch vorne anfangen. Allerdings hat die Bibel mehr als 3,5 Millionen Buchstaben. Es dauert Jahre, bis man am Ende angekommen ist. Man kann sich einfach ein einzelnes Buch oder eine einzelne Geschichte aus der Bibel aussuchen. Schließlich ist die Bibel eine Sammlung vieler Bücher. Wenn man in eine Bibliothek geht, sucht man sich ja auch ein Buch aus. Möchtest du also die Geschichte Jesu lesen, kannst du dir zum Beispiel das Markusevangelium vornehmen. Wenn du die Weihnachtsgeschichte lesen möchtest, kannst du die ersten zwei Kapitel aus dem Lukasevangelium lesen.

Wenn man eine Geschichte in der Bibel finden will, muss man ein paar Dinge wissen. Sonst sucht man furchtbar lang, bis man sie gefunden hat. Man muss z. B. wissen, dass die Seitenzahlen in der Bibel keine Rolle spielen. Denn es gibt große und kleine Bibeln und viele verschiedene Übersetzungen. Würde man allen, die eine Bibel besitzen, sagen, sie sollen die Seite 226 aufschlagen, hätte jeder einen anderen Text vor sich.

Statt in Seitenzahlen ist die Bibel in Bücher, Kapitel und Verse aufgeteilt.

Wenn man also sagt: Schlag in der Bibel das Buch Exodus auf und lies aus dem 20. Kapitel die Verse 1–17, so findet man in jeder Bibel die Zehn Gebote, egal ob man eine chinesische oder französische Bibel besitzt. Wenn man die Textstelle angeben möchte, wo die Zehn Gebote stehen, schreibt man: Ex 20, 1–17, also die Abkürzung für das Buch Exodus, die Kapitelnummer, ein Komma und die Versnummern.

Rund um die Bibel

Name des Buches

1 Gott erschuf die Welt

Gen
1–2,4a

Kapitelnummer

Versnummer

Am Anfang schuf Gott Himmel und Erde, aber alles war wüst und leer. Wasser bedeckte die Erde, Finsternis hüllt ein. Da sprach Gott: „Es soll hell werden." Und er sah, d Licht gut war, und trennte es von der Dunkelheit. Die Du heit nannte er Nacht, das Licht nannte er Tag. Es wurde es wurde Morgen. Das war der erste Tag der Schöpfung

Wieder sprach Gott: „Ein Gewölbe soll entst Wasser über dem Gewölbe trennen vom wölbe." So geschah es, und Gott na Es wurde Abend, es wurde Mo Schöpfung.

Und wieder spr sammeln." Sogl hervor. G Mulde

Wusstest du schon, dass die Kapitel einzelne Abschnitte eines Buches sind? Die Verse sind wie in einem Gedicht Sätze oder Satzteile. Allerdings reimen sie sich nicht. Die Aufteilung in Kapitel gibt es seit ungefähr 800 Jahren, die Einteilung in Verse seit ungefähr 500 Jahren. Die einzelnen Bücher haben Abkürzungen, die oft aus den ersten drei Buchstaben des Buchnamens bestehen. Die Abkürzung für das Buch Genesis ist „Gen", die Abkürzung für den 1. Korintherbrief lautet „1 Kor". Eine Liste mit den Abkürzungen findest du hinten in der Bibel.

Rund um die Bibel

Worum geht es im Alten Testament?

Der erste Teil der Bibel, das Alte Testament, erzählt vom Bund Gottes mit dem Volk Israel. Dreimal schließt Gott einen Bund mit den Menschen. Im Buch Genesis wird von Gottes Bund mit Noah erzählt. Gott verspricht Noah nach der großen Sintflut, dass die Erde nie mehr verwüstet werden wird. Zeichen für diesen Bund ist der Regenbogen (Gen 9, 8–17). Abraham wurde von Gott ausgewählt, den Segen Gottes in die Welt zu tragen. Er sollte Stammvater der großen Familie Gottes werden. Gott verspricht ihm: „Du wirst so viele Kinder und Enkel und Urenkel und Ururenkel haben, wie Sterne am Himmel stehen" (Gen 15, 1–6). Das Buch Exodus erzählt von dem Bund, den Gott mit dem Volk Israel schloss, als er sich Mose zeigte (Ex 24). Mose ist der Anführer der Juden gewesen zu der Zeit, als sie in Ägypten Sklaven waren. Er war Gott sehr nah. Gott hat das Volk Israel aus dieser Gefangenschaft befreit. Gott hat versprochen, Israel immer zu beschützen. Das Volk Israel sollte Gottes Gebote halten. So bleibt es immer mit Gott in Gemeinschaft. Gott hat gesagt: „Wenn ihr nun auf mein Wort hört und meinen Bund haltet, dann werdet ihr unter allen Völkern mein besonderes Eigentum sein" (Ex 19,5). Diese drei Bundesschlüsse stehen im Mittelpunkt des ersten Teils des Alten Testamentes.

Außerdem wird von den Erfahrungen erzählt, die das Volk Israel in seiner Geschichte mit Gott gemacht hat. Einen wichtigen Platz haben die Gebote, die Gott den Israeliten geschenkt hat, damit ihr Leben gut wird. Und es gibt Lieder und Gebete. Es gibt Erzählungen von Menschen, die eine besondere Aufgabe in Israel hatten: Könige, Richter und Propheten.

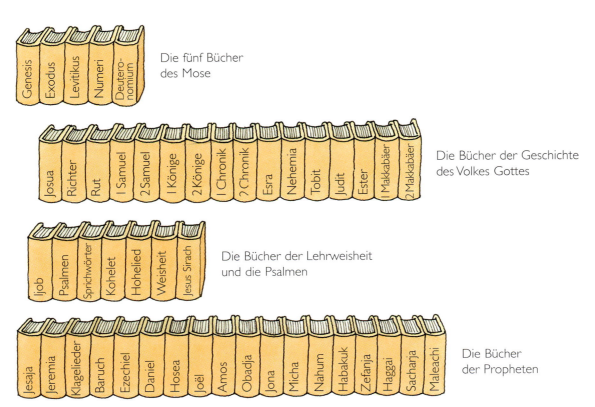

Die fünf Bücher des Mose

Die Bücher der Geschichte des Volkes Gottes

Die Bücher der Lehrweisheit und die Psalmen

Die Bücher der Propheten

Rund um die Bibel

Hat Gott wirklich die Welt in 7 Tagen erschaffen?

Ganz am Anfang der Bibel steht ein Bericht, wie Gott die Welt geschaffen hat (Gen 1,1-2,4). Nach diesem Bericht hat er eine Woche gebraucht, dann war alles fertig. Diesen Bericht nennen wir auch „Schöpfungsgeschichte". In ihr wird erzählt, dass Gott den Menschen am 6. Tag erschaffen hat.

Die Forscher sagen heute, dass das nicht möglich ist. Es hat viele Millionen Jahre gedauert, bis der Mensch auf der Erde entstanden ist. Trotzdem hat die Bibel nicht einfach Unrecht. Denn die Bibel ist eine andere Sorte Buch als z. B. ein Biologiebuch. Bei einem Text aus dem Biologiebuch fragt man: Stimmt das, was da steht? Mit der Bibel muss man etwas anders umgehen. Man muss zuerst fragen: Was bedeutet das, was da steht? Wenn du die Geschichte von der Erschaffung der Welt liest, kannst du dich also fragen: „Was bedeutet das? Was ist wichtig an dieser Geschichte?"

Wichtig ist, dass Gott hinter all dem steckt, was es gibt. Er hat die Welt erschaffen und sehr schön gemacht. Das bedeutet: Gott wollte jeden Einzelnen von uns. Von jedem hat er gesagt: „Ich möchte, dass du da bist." Von jedem Menschen, von jedem Tier, von jeder Pflanze und jedem Sandkorn sagt er das. Sogar die Haare auf deinem Kopf hat er gezählt (Mt 10,30), so gern hat er dich. Daran kannst du immer denken, wenn du traurig oder einsam bist. Gott sagt in jedem Augenblick zu dir: „Egal, was passiert, es ist gut, dass du da bist. Ich möchte, dass es dir gut geht." Sogar dann, wenn jemand nichts mehr mit Gott zu tun haben will, steht Gott zu seinem Wort.

Auch die 7 Schöpfungstage haben eine Bedeutung: Sie zeigen, dass es in der Welt eine Ordnung gibt und dass Gott der Herr dieser Ordnung ist. Zu dieser Ordnung gehören z. B. Tag und Nacht oder die Woche, die auch heute noch aus sieben Tagen besteht. Der Mensch wird in dieser Ordnung als Letzter geschaffen. Von ihm wird gesagt, dass er Gottes Ebenbild ist. Das bedeutet, dass er eine besondere Würde hat und einen besonderen Auftrag. Er ist für die Welt verantwortlich. Wir Menschen sollen gut miteinander und mit den Tieren und Pflanzen umgehen. Wir sollen aufeinander achten und füreinander sorgen.

Wusstest du schon, dass es zwei Schöpfungsberichte gibt? Der erste erzählt von der Erschaffung der Welt in sieben Tagen. Der zweite beginnt nochmals neu damit, dass Gott den Menschen formt und dann einen Garten anlegt, um den der Mensch sich kümmern soll. Diese Geschichten erzählen auf verschiedene Weise vom Verhältnis der Menschen und der Welt zu Gott. Deshalb können sie nebeneinanderstehen, ohne sich zu widersprechen.

Rund um die Bibel

Welche Weisheit steht in den Weisheitsbüchern?

Die Weisheitsbücher enthalten Weisheit, wie das Leben mit Gott gelingen kann. Hier findet man Erfahrungen, die Menschen miteinander und mit Gott gemacht haben.

Zu den Weisheitsbüchern der Bibel gehört das Buch Ijob. Es erzählt die Geschichte von einem guten Mann, der Ijob heißt. Ihm geschieht furchtbares Unglück. Trotzdem vertraut er Gott. Am Ende geht es ihm wieder gut.

Auch das Buch der Psalmen gehört zu den Weisheitsbüchern.

> Wusstest du schon, dass viele der Sprichwörter, die wir heute gebrauchen, in den Weisheitsbüchern stehen? „Wer anderen eine Grube gräbt, fällt selbst hinein", steht beispielsweise im Buch der Psalmen (Ps 7, 16).

Es enthält 150 kurze und lange Gebetslieder, die die Juden und Christen bis heute im Gottesdienst beten. Diese Gebete heißen Psalmen. An ihnen kann man erkennen, dass man Gott alles sagen kann. Es gibt Psalmen, die Gott danken und loben. Es gibt Psalmen, die von Verzweiflung und Trauer sprechen. Es gibt Psalmen, mit denen man klagen und bitten kann.

Psalm 23 ist einer der bekanntesten und schönsten Psalmen. Er hat schon vielen Menschen, die in Not waren, Trost und Hoffnung gegeben. So fängt er an:

„Der Herr ist mein Hirte, ich leide nicht Not; auf grüner Weide lässt er mich lagern."

Das Buch der Sprichwörter ist eine Sammlung von Sinnsprüchen. Meistens beschreiben sie ganz alltägliche Grundwahrheiten.

Das Buch Kohelet erzählt von einem Prediger namens Kohelet. Kohelet betrachtet die Welt und kommt zu dem Ergebnis, dass der Mensch niemals in der Lage sein wird, das Leben und die Welt in seiner ganzen Fülle zu begreifen.

Das Hohelied ist eine Sammlung von Gedichten über die Liebe zwischen Mann und Frau. So, wie Mann und Frau sich lieben sollen, liebt Gott die Menschen.

Das Buch der Weisheit geht vor allem der Frage nach, was Weisheit denn eigentlich ist.

Und im Buch Jesus Sirach werden Lebens- und Verhaltensregeln zusammengefasst.

Sagt die Bibel auch etwas über die Zukunft?

Im Volk Israel gab es immer wieder Propheten. Das waren Männer und Frauen, die dem Volk sagten, was Gottes Wille ist. In schweren Zeiten haben sie den Menschen Hoffnung gegeben. Sie haben sie an Gottes Versprechen erinnert, sie zu beschützen und ihnen eines Tages den Messias zu senden.

Oft redeten diese Propheten den anderen Menschen auch ins Gewissen. Die Propheten haben dann oft die Menschen gewarnt: Wenn ihr jetzt nicht auf Gottes Wort hört, wird etwas Schreckliches geschehen. Damit haben sie quasi die Zukunft vorhergesagt. Die Propheten sind aber keine Wahrsager gewesen, die ein Horoskop aus einer Kristallkugel erstellen. Sie sind auch etwas anderes als die Menschen in den Nachrichten, die eine Vorhersage über das Wetter machen. Bei der Wettervorhersage wird genau berechnet, wie stark Wind und Regen sind und wie warm die Luft ist. Wenn man das alles weiß, kann man eine Vorhersage darüber machen, wie das Wetter am nächsten Tag wird. Ein Prophet berechnet nichts. Ein Prophet ist von Gott gesandt. Er übermittelt Gottes Botschaft. Durch ihn spricht Gott.

Die wichtigsten Propheten, von denen es in der Bibel ganze Bücher gibt, sind Jesaja, Jeremia und Ezechiel. Sie sind die drei „großen" Propheten. Elia ist auch ein wichtiger Prophet. Von ihm wird im ersten Buch der Könige berichtet (1Kön 17–19). Dann gibt es noch zwölf „kleine" Propheten. Sie waren wohl nicht kleiner als die drei großen. Aber die Bücher, die von ihnen berichten, sind kürzer als die Bücher von Jesaja, Jeremia und Ezechiel.

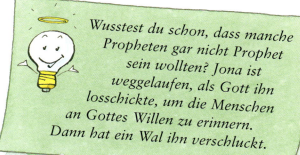

Wusstest du schon, dass manche Propheten gar nicht Prophet sein wollten? Jona ist weggelaufen, als Gott ihn losschickte, um die Menschen an Gottes Willen zu erinnern. Dann hat ein Wal ihn verschluckt.

Das letzte Buch im Neuen Testament heißt „Offenbarung des Johannes". Johannes war ein Mann, der Visionen vom Ende der Zeiten hatte. Johannes spricht eine Bildersprache, die uns heute fremd ist. Seine Visionen sind an vielen Stellen rätselhaft. Er will die Christen ermutigen, trotz aller Konflikte und Zweifel am Bekenntnis zu Jesus Christus festzuhalten. Sie sollen Hoffnung haben und darauf vertrauen, dass Gott der Herr der Welt ist.

Die „Offenbarung des Johannes" beginnt und endet wie ein Brief und wendet sich an sieben Gemeinden in Kleinasien, die damals unter schweren Verfolgungen zu leiden hatten.

Wusstest du schon, dass die Offenbarung des Johannes auf der Insel Patmos geschrieben wurde? Diese Insel ist heute ein beliebtes Ferienziel in Griechenland.

Warum passiert in der Bibel so viel in der Wüste?

„Ein Land, in dem Milch und Honig fließen", so wird das Gelobte Land in der Bibel genannt. Es wird durch einen Graben, in dem der Jordan fließt, zweigeteilt. Weil der Regen, der vom Mittelmeer kommt, im Landesinneren immer spärlicher wird, geht dort auch das fruchtbare Land in Wüste über. Hier wohnen fast keine Menschen. Es ist schwierig zu überleben.

Mose hat das Volk Israel von den Ägyptern befreit und in das Gelobte Land geführt. Diese Wanderung dauerte 40 Jahre und ging durch die Wüste (Dtn 1–3). Hier lernte das Volk Israel Gott genau kennen. Gott zeigte sich dem Mose und schloss einen Bund mit seinem Volk (Ex 24). Noch viele andere wichtige Ereignisse in der Bibel spielen in der Wüste. Der Prophet Elia geht in die Wüste, weil er verzweifelt ist (1Kön 19). Dort erscheint ihm Gott und gibt ihm einen Auftrag. Johannes der Täufer lebt in der Wüste (Lk 3,2). Er ruft zur Umkehr und tauft die Menschen. Er sagt ihnen, dass der Retter nah ist (Joh 1, 29–34). Jesus betet an einsamen Orten (Mk 1,35; Lk 5,16). Er wird in der Wüste auf die Probe gestellt (Mt 4,1–11).

Die Wüste hat zwei Seiten. Sie ist Ort der Sorge und Ort der Hoffnung. Sie ist Ort der Gefahr und Ort der Verheißung. Sie ist Ort der Einsamkeit und Ort der Gnade Gottes. Es gibt die Wüste als Landschaft und als Erfahrung der Einsamkeit. Immer wieder gibt es Menschen, die sich in eine Wüste zurückziehen. Sie lassen alles zurück. In der Wüste kann man nicht selbst für sich sorgen. Man muss ganz auf Gott vertrauen. Hier kann der Mensch eine ganz tiefe Gemeinschaft mit Gott erleben. Das macht ihn stark, wenn er wieder in seiner normalen Umgebung ist.

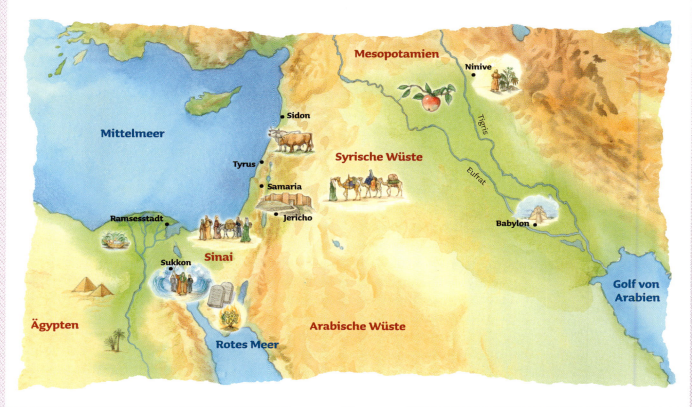

Rund um die Bibel

Wie neu ist das Neue Testament?

Das Neue Testament ist eigentlich auch schon ganz schön alt. Mit ein oder zwei Ausnahmen sind alle neutestamentlichen Texte in der zweiten Hälfte des 1. Jahrhunderts nach Christus entstanden, also vor fast 2 000 Jahren.

Neu nennen es die Christen, weil sie durch das Leben und Sterben Jesu den Bund mit Gott als erneuert verstehen. Er ist der Weg zum Vater (Joh. 14).

Neben den vier Evangelien enthält das Neue Testament die Apostelgeschichte, 21 Briefe und die Offenbarung des Johannes.

Die Evangelien
Matthäus, Markus, Lukas, Johannes
Die vier Evangelien sind das Kernstück des Neuen Testaments. Sie berichten von Jesu Leben, Tod und Auferstehung.

Die Apostelgeschichte
Die Apostelgeschichte erzählt von den ersten Christen und davon, wie sich die Botschaft von Jesus ausgebreitet hat.

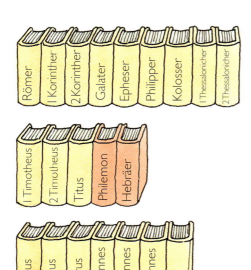

Die Paulinischen Briefe
Römer, 1 Korinther, 2 Korinther, Galater, Epheser, Philipper, Kolosser, 1 Thessalonicher, 2 Thessalonicher

Die Pastoralbriefe
1 Timotheus, 2 Timotheus, Titus, Philemon, Hebräer

Die Katholischen Briefe
Jakobus, 1 Petrus, 2 Petrus, 1 Johannes, 2 Johannes, 3 Johannes, Judas

Die meisten Briefe wurden von Paulus an die jungen Gemeinden geschrieben. Manche Briefe richten sich auch an Einzelpersonen. In den Briefen stehen Ratschläge, Ermutigungen und Erläuterungen zum christlichen Glauben.

Die Offenbarung des Johannes
Die Offenbarung des Johannes ist ein Visionsbericht vom Ende der Zeiten.

Was ist ein Evangelium?

Wenn im Gottesdienst aus dem Evangelium vorgelesen wird, sagt der Priester oder der Diakon: „Frohe Botschaft unseres Herrn Jesus Christus." Evangelium bedeutet: „Gute Nachricht" oder „Frohe Botschaft". Es gibt im Neuen Testament vier Evangelien: von Matthäus, Markus, Lukas und Johannes.

Wie die Texte im Alten Testament sind sie aus verschiedenen Überlieferungen zusammengewachsen. Sie berichten vom Leben und Sterben Jesu, von seinen Wundern, seinen Reden, von seiner Auferstehung.

In vielen Dingen sind die Berichte ähnlich. In manchen Dingen unterscheiden sie sich. Das liegt daran, dass die Menschen, die an den Evangelien gearbeitet haben, zwar einige Überlieferungen und Textbausteine gemeinsam hatten. Sie hatten aber auch Bausteine, die die anderen nicht kannten. Wenn sie die gleichen Überlieferungen hatten, setzten sie sie manchmal unterschiedlich zusammen.

Jedes Evangelium ist deshalb ein ganz besonderes Zeugnis von Jesus und seinem Leben. Die Evangelien sind nicht wie Zeitungsberichte oder wie ein Protokoll bei der Polizei. Dort zählt nur, was man mit einem Fotoapparat beweisen kann. Wie die Menschen ein Ereignis deuten, hat in einem Polizeiprotokoll keinen Platz. Das, was Gott mit einem Ereignis sagen will, kommt im Polizeibericht erst recht nicht vor.

In den Evangelien ist das anders. Alle vier Berichte sind Berichte von Menschen, die glauben, dass Jesus der Sohn Gottes ist. Sie wollen berichten, was tatsächlich geschehen ist. Sie erzählen also keine Märchen oder Lügen. Aber sie geben nicht nur einen Bericht. Sie sagen nicht nur, wie etwas abgelaufen ist. Sie sagen

Wusstest du schon, dass das Wort Evangelium in verschiedenen anderen Wörtern wieder auftaucht? Diese sollte man nicht verwechseln: Das „Evangelium" ist das Zeugnis über Jesus von Matthäus, Markus, Lukas oder Johannes. Diese vier nennt man „Evangelisten". Ein Christ, der nicht katholisch und nicht orthodox ist, ist kein Evangelist, sondern ein „evangelischer Christ". Ein „Evangeliar" ist ein Buch, das für den Gottesdienst gemacht wurde. Es enthält die Texte aus den Evangelien, die in der Messe vorgelesen werden. Es ist kostbar gestaltet und sieht sehr schön aus.

auch, was ein Ereignis bedeutet. Sie sagen, dass Jesus Gottes Sohn ist. Das kann man nur sagen, wenn man schon mit Gott verbunden ist (1Joh 4, 2.13–15). Die Bibel ist von heiligen Menschen geschrieben worden, die vom Heiligen Geist erfüllt waren.

Rund um die Bibel

Rund um die Bibel

Welche sind die wichtigsten Texte der Bibel?

Wenn man alle Juden und alle Christen nach ihrem Lieblingstext aus der Bibel fragen würde, würde sich vermutlich jeder einen anderen aussuchen. Die wichtigsten Texte sind wohl die Texte, die für die Gottesdienste und das Leben der Juden und Christen besonders wichtig wurden, wie beispielsweise das *Bekenntnis*, das im Buch Deuteronomium steht: „Höre, Israel! Der Herr ist unser Gott, der Herr ist einzig. Du sollst den Herrn, deinen Gott, lieben aus deinem ganzen Herzen, aus deiner ganzen Seele und mit all deiner Kraft." (Dtn 6,4–5)

Natürlich sind auch *Schöpfungsgeschichten* in den beiden ersten Kapiteln der Bibel sehr wichtig. Oder die *Verheißungen* des Propheten Jesaja. Besonders beliebt bei vielen gläubigen Menschen sind die *Psalmen*.

Die *Zehn Gebote* gehören auf jeden Fall zu den wichtigsten Texten der Bibel. Man findet sie in Ex 20,1–17 und in Dtn 5,6–21.

Wusstest du schon, dass in den ersten fünf Büchern des Alten Testamentes insgesamt 613 Bestimmungen stehen, in denen es entweder um eine würdige Gottesverehrung oder um einen guten Umgang der Menschen untereinander geht? Die Zehn Gebote fassen diese vielen Regelungen zusammen:

Du sollst keine anderen Götter neben mir haben!
Du sollst den Namen Gottes nicht verunehren!
Du sollst den Sabbat heiligen!
Du sollst Vater und Mutter ehren!
Du sollst nicht morden!
Du sollst nicht ehebrechen!
Du sollst nicht stehlen!
Du sollst kein falsches Zeugnis gegen deinen Nächsten geben!
Du sollst nicht deines Nächsten Frau begehren!
Du sollst nicht deines Nächsten Hab und Gut begehren!

Rund um die Bibel

Im Neuen Testament ist die *Bergpredigt Jesu* besonders wichtig. Sie steht im Matthäusevangelium in den Kapiteln 5–7 und ist eine Art Programmrede, wie christliches Leben gelingen kann. Das Kernstück dieser Bergpredigt sind die Seligpreisungen. In ihnen stellt Jesus so manches, was die Menschen glauben, auf den Kopf. Er sagt zum Beispiel: „Selig, die arm sind vor Gott, denn ihnen gehört das Himmelreich." Dabei streben doch alle Menschen danach, möglichst viel Geld zu haben.

Sicher gehört das *Vaterunser* zu den wichtigsten Texten der Bibel. Es ist das Grundgebet aller Christen.

„Vater unser im Himmel,
geheiligt werde dein Name,
dein Reich komme, dein Wille geschehe
wie im Himmel, so auf Erden.
Unser tägliches Brot gib uns heute,
und vergib uns unsere Schuld,
wie auch wir vergeben unseren
Schuldigern.
Und führe uns nicht in Versuchung,
sondern erlöse uns von dem Bösen."

Mt 6,9-13, Lk 11,2-4

Im Johannesevangelium gibt es sehr wichtige Stellen, die allerdings auch ziemlich kompliziert sind. So gleich im ersten Kapitel. Hier versucht der Evangelist, Jesu Verhältnis zu Gott, seinem Vater, zu erklären. Jesus ist das Wort Gottes, das schon im Anfang bei Gott war, das selbst Gott ist.

Man könnte noch viele andere wichtige Texte aufzählen: die *Weihnachtsgeschichte* (dazu erfährst du im nächsten Kapitel mehr), die Berichte über *Jesu Tod und Auferstehung*, die *Wundergeschichten* und *Gleichnisse*. Viele Stellen aus den Briefen des Paulus sind sehr wichtig für das Leben der Kirche.

Besonders schön ist das Gebet, das Maria gesprochen hat, als sie mit Jesus schwanger war. In diesem Gebet steckt die ganze Hoffnung Israels, dass Gott seinen Bund hält und der Welt den versprochenen Retter schickt. Maria ist ganz sicher, dass ihr Sohn Jesus dieser Retter ist. Dieses Gebet (Lk 1, 46-55) ist das *Magnifikat*. So lautet das erste Wort in der lateinischen Übersetzung. Auf Deutsch beginnt es so: „Meine Seele preist die Größe des Herrn." Etwas später steht die Begründung: „Er denkt an sein Erbarmen."

Rund um die Bibel

Was erzählt die Bibel über Weihnachten?

Wusstest du schon, dass Ochs und Esel neben der Krippe in der Bibel gar nicht vorkommen, obwohl sie auf fast allen Abbildungen und in fast allen Krippen dargestellt werden?

Von der Geburt Jesu wird im Evangelium von Matthäus und in dem von Lukas berichtet. Lukas erzählt die Geschichte so, wie wir sie aus Liedern und Krippendarstellungen kennen: Maria und Josef ziehen nach Betlehem, weil sie sich in Steuerlisten eintragen lassen müssen. Maria ist schwanger. Sie finden keinen Ort, wo sie schlafen können. Aus lauter Not suchen sie in einem Stall Zuflucht. Dort haben sie wenigstens ein Dach über dem Kopf. Jesus wird geboren. Statt einer Wiege hat er einen Futtertrog, in dem er schläft. Hirten sind auf dem Feld. Plötzlich kommen Engel und verkünden, dass der Retter Israels geboren wurde und dass er der Welt Heil und Frieden bringt. Schnell laufen die Hirten zur Krippe und beten Jesus an.

Von den Sterndeutern, die später „Heilige Drei Könige" genannt werden, erzählt Matthäus in seinem Evangelium. Damit berichtet er nicht nur etwas, sondern er sagt zugleich, was es bedeutet: Ferne, fremde Völker suchen Gott. Sie erkennen ihn in Jesus Christus. Er ist der Retter der ganzen Welt.

Lukas und Matthäus haben auch eine Deutung, wer Jesus ist und wie er in die Welt kam (Mt 1,18–25; Lk 1,26–38). Beide sagen, dass Josef eine Art Adoptivvater von Jesus ist. Jesus wurde aus Gott geboren. Er ist der ewige Sohn des ewigen Gottes. Maria bringt Jesus zur Welt. Gott wird Mensch. Das ist mehr, als Menschen machen können. Jesus ist etwas Neues in der Welt. Johannes drückt das so aus: „Das wahre Licht kam in die Welt" (Joh 1,9). „Das Wort ist Fleisch geworden" (Joh 1,14). Das Wort, das von Ewigkeit her Gottes Sohn ist: Jesus Christus.

Rund um die Bibel

Was ist so besonders an Jesus?

Jesus ist der Mensch, den Gott geschickt hat, um zu zeigen, wie er selbst ist. Gott kann man nicht sehen (Joh 1,18), Jesus aber schon. Jesus Christus ist nicht nur ein besonderer Mensch, sondern er ist wirklich Gottes Sohn.

Paulus hat versucht, das so zu erklären: „Er ist das Bild des unsichtbaren Gottes" (Kol 1,15). Und Jesus hat von sich gesagt: „Wer mich sieht, sieht den Vater" (Joh 14). Er wusste, dass es auf ihn ankommt und dass die Menschen an ihm sehen und spüren können, wie Gott ist. Jesus ist deshalb der beste Weg, wenn man etwas über Gott herausfinden will.

Gott ist also doch nicht ganz unsichtbar: Er ist Mensch geworden.

Jesus hat den Menschen Gottes frohe Botschaft gebracht:

> „Wir haben die Liebe, die Gott zu uns hat, erkannt und gläubig anerkannt. Gott ist Liebe und wer in der Liebe bleibt, der bleibt in Gott und Gott bleibt in ihm."
> 1 Joh 4,16

Er verkündet das Reich Gottes, das Reich des Friedens und der Gerechtigkeit.

> Selig die Armen im Geist; denn ihnen gehört das Himmelreich.
> Selig die Trauernden; denn sie werden getröstet werden.
> Selig die Sanftmütigen; denn sie werden das Land erben.
> Selig, die hungern und dürsten nach der Gerechtigkeit; denn sie werden satt werden.
> Selig die Barmherzigen; denn sie werden Barmherzigkeit erlangen.
> Selig, die ein reines Herz haben; denn sie werden Gott schauen.
> Selig die Friedensstifter; denn sie werden Söhne Gottes heißen.
> Selig, die verfolgt werden um der Gerechtigkeit willen, denn ihnen gehört das Himmelreich.
> Selig seid ihr, wenn sie euch um meinetwillen schmähen und verfolgen und euch alles lügnerische nachsagen. Freut euch und jubelt, denn euer Lohn ist groß im Himmel. Denn ebenso haben sie auch die Propheten vor euch verfolgt.
> Mt 5,3-12

Rund um die Bibel

Wer sind die Apostel?

Im Neuen Testament wird oft von Aposteln gesprochen. Allerdings ist damit nicht immer das Gleiche gemeint. Ganz allgemein könnte man sagen: Ein Apostel ist jemand, der von Jesus beauftragt wurde, die frohe Botschaft zu verkünden. Das Wort „Apostel" ist griechisch und bedeutet: „Gesandter". Die meisten Apostel kannten Jesus schon lange und waren mit seiner Botschaft vertraut. Sie haben ihn wiedergesehen, nachdem er von den Toten auferstanden ist.

Paulus ist ein Apostel, der erst nach Pfingsten von Jesus ausgewählt und gesandt wurde. Er ist nicht von Anfang an dabei gewesen. Er ist auch kein Zeuge von Jesu Auferstehung. Deshalb wird er von Lukas im Evangelium und in der Apostelgeschichte nicht als Apostel bezeichnet.

Paulus wird manchmal „Völkerapostel" oder „Heidenapostel" genannt. Seine Aufgabe war es, die Völker, die keine Juden waren, zum Glauben an Jesus zu führen. Er gründete Gemeinden in Griechenland, Kleinasien und in Rom.

> Wusstest du schon, dass unser Glaubensbekenntnis „apostolisches Glaubensbekenntnis" heißt? Auch die Kirche wird „apostolisch" genannt. Das bedeutet: Die Apostel sind Maßstab des Glaubens und der Kirche. Sie bleibt dem Willen Jesu treu, wenn sie sich an die Apostel hält. Denn sie kannten Jesus ganz genau und sind von ihm ausgewählt worden, um seine Botschaft weiterzusagen. Der Maßstab der Apostel hat zwei Seiten: Das, was wir glauben, und die Art und Weise, wie die Kirche aufgebaut ist. Die Bischöfe sind Nachfolger der Apostel. Sie bilden eine Art Kette durch die lange Geschichte von heute bis an den Anfang der Kirche. Die Kirche ist apostolisch, wenn sie dem Glauben der Apostel treu bleibt und in einer langen Kette mit der Kirche des Anfangs verbunden ist.

Rund um den Glauben

Was ist eine Religion?

Die meisten Menschen haben eine Religion. Eine Religion sagt etwas darüber aus, wie die Menschen Gott und die Welt verstehen. Das Wort „Religion" bedeutet: „Rückbindung". Gemeint ist, dass sich die Menschen, die eine Religion haben, an Gott binden. Sie haben Regeln, nach denen sie zusammenleben, sie denken ähnlich darüber, wie die Welt entstanden ist, welche Bedeutung der Mensch hat und was nach dem Tod mit ihm passiert. Oft beten sie miteinander und feiern Gottesdienst. Es gibt viele verschiedene Religionen mit ganz unterschiedlichen Vorstellungen darüber, wie Gott ist und ob er sich den Menschen zeigt. Die bekanntesten Religionen sind Judentum, Christentum, Islam, Hinduismus und Buddhismus. Sie werden „Weltreligionen" genannt. Judentum, Christentum und Islam sind miteinander verwandt, auch wenn sie sich in vielen Dingen unterscheiden. Gemeinsam glauben Juden, Christen und Moslems, dass es nur einen Gott gibt und dass er mit den Menschen in Kontakt steht.

Wusstest du schon, dass die drei Weltreligionen unterschiedliche Namen für Gott haben? Die Juden sprechen Gottes Namen („Jahwe") nicht aus. Denn Gottes Name ist heilig. Sie nennen ihn „Adonai", das bedeutet: „mein Herr". Die Christen sagen „Gott". Und sie nennen Gott „Vater". Diese Anrede hat Jesus verwendet. Die Muslime sagen „Allah", das ist das arabische Wort für Gott.

Glauben alle Menschen an Gott?

Wenn man die ganze Welt heute und früher anschaut, kann man sagen: Die meisten Menschen glauben an einen Gott oder an verschiedene Götter.

Glauben ist etwas, das den Menschen ganz betrifft, mit Haut und Haaren. Deshalb kommt es leider immer wieder zu Konflikten zwischen Menschen verschiedener Religionen. Der Glaube ist vielen Menschen so wichtig, dass sie traurig sind, wenn er den anderen egal ist oder wenn sie sogar darüber lachen. Manche versuchen, ihren Glauben mit Gewalt durchzusetzen. Damit zerstören sie das Vertrauen, das wir zu Gott haben dürfen. Gott will keine Gewalt.

Es gibt auch Menschen, vor allem in Europa, die nicht an Gott glauben. Manche denken, dass es Gott nicht geben kann, weil es so viel Unglück und so viele Katastrophen in der Welt gibt. Oder sie haben Gott nie kennengelernt. Viele Kinder wachsen in Familien auf, in denen Gott keine Rolle spielt. Da ist es schwierig, ihn zu entdecken. Andere meinen, dass ihnen der Glaube an Gott zu unsicher ist. Schließlich kann man Gott nicht sehen oder beweisen.

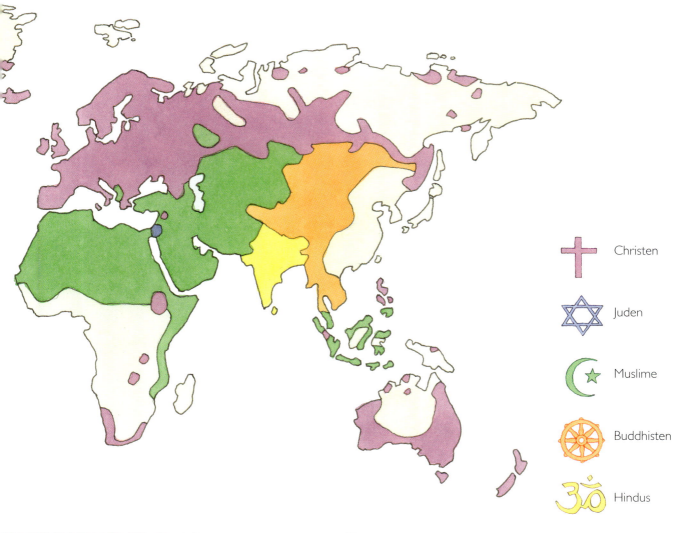

Wie kann man etwas über Gott herausfinden?

Am einfachsten wäre es, wenn man Gott fotografieren könnte. Das Problem ist bloß: Gott ist unsichtbar. Man kann ihn nicht fotografieren, wie man auch einen Gedanken nicht fotografieren kann. Er hat keinen Anfang und kein Ende. Man kann ihn nicht auf einen Ort oder auf einen Augenblick festlegen. Er hat keinen Körper und ist weder Mann noch Frau.

Trotzdem gibt es zwei Möglichkeiten, etwas über Gott herauszufinden. Beide sind wichtig. Man kann über Gott nachdenken. Und man kann Menschen fragen, die schon Erfahrungen mit ihm gemacht haben und an ihn glauben.

Die Bibel ist ein Buch, in dem Menschen aufgeschrieben haben, wie sie Gott erfahren haben. In vielen Geschichten erzählen sie, wie Gott sich ihnen gezeigt hat und wie er für sie gesorgt hat. Er hat sogar einen Bund mit ihnen geschlossen. Dem Volk Israel, dem Volk der Juden, hat er gesagt: „Ihr seid mein Volk, und ich bin euer Gott. Wir gehören zusammen. Euch habe ich ausgewählt, damit ihr an mich glaubt und damit euer Leben gut wird. Ich zeige euch, wie ich wirklich bin" (vgl. Ex 3,14; Ex 19,5). Das bedeutet: Gott ist zwar unsichtbar, aber er bleibt nicht inkognito. Er versteckt sich nicht. Im Gegenteil: Er hat den Menschen gezeigt, wie er ist und dass er die Menschen liebt. Das nennt man Offenbarung.

Rund um den Glauben

Kann man beweisen, dass es Gott gibt?

Zwar kann man Gott nicht sehen, aber man kann über Gott nachdenken und auf diese Weise etwas über ihn herausfinden. Nachdenken funktioniert zum Beispiel so: Wenn es Gott gibt, gibt es ihn nur einmal. Denn mit Gott ist das Größte und Schönste und Mächtigste gemeint, was man sich denken kann. Das kann es nur einmal geben, sonst wäre es ja nur das Zweitgrößte und Zweitmächtigste und Zweitschönste und man müsste wieder fragen, was denn noch größer und mächtiger und schöner ist.

Weil Gott unsichtbar ist, kann man nicht beweisen, dass es ihn gibt. Trotzdem haben die Forscher immer wieder Gottesbeweise aufgestellt. Das sind eigentlich keine Beweise, sondern Hinweise oder Indizienbeweise. Das kennst du vielleicht aus Detektivgeschichten.

Wusstest du schon, dass früher Forscher das Gewissen für die Stimme Gottes gehalten haben? Es gibt etwas in uns, das uns zeigt, was gut und was böse ist. Sonst könnten wir nicht lügen! Wenn wir lügen, wissen wir, dass wir das eigentlich nicht tun sollen. Woher?

Ein Indiz ist in diesen Geschichten ein Hinweis auf den Täter. Viele Indizien zusammen machen es sehr wahrscheinlich, dass jemand der Täter ist. Obwohl sie keinen Beweis bilden und Zweifel offenlassen, kann jemand mithilfe von vielen Indizien verhaftet werden. Wir wollen Gott zwar nicht verhaften, aber doch irgendwie dingfest machen.

Ein Indizienbeweis, dass es Gott gibt, könnte etwa so aussehen: Die meisten Menschen früher und heute sind sich sicher, dass es Gott gibt. Er hat also viele Zeugen. Die Welt ist schön, und man kann sich auf ihre Regeln verlassen: Jeden Morgen geht die Sonne auf. Jedes Jahr kommt der Frühling. Alle Menschen sind erst jung und dann alt. Ein Apfelbaum trägt immer Äpfel, nie Salat. Irgendjemand muss die Welt so schön gemacht und geordnet haben. Wenn du spürst, dass deine Eltern dich gern haben und wenn du eine beste Freundin oder einen besten Freund hast, dann ist das der Himmel auf Erden.

Klar sind das alles keine echten Beweise. Aber wenn man gründlich über die Welt nachdenkt, spricht vieles dafür, dass es Gott gibt.

Was ist ein Christ?

Ein Christ ist jemand, der an Jesus glaubt und mit ihm leben will. Jemand, der glaubt, dass Jesus Christus der Sohn Gottes ist und dass er die Menschen erlöst hat. Jemand, der versucht, so zu leben, wie Jesus es gezeigt hat. Jemand, der in der Kirche Gottesdienst feiert. Jemand, der die Sakramente empfängt. Jemand, der getauft wurde.

Die meisten Christen sind schon als kleine Kinder Christ geworden. Ihre Eltern haben sie in die Kirche getragen und dort sind sie getauft worden. Durch die Taufe wird man Mitglied der Kirche und gehört so für immer zu Jesus Christus.

Die Taufe ist also der Anfang des christlichen Lebens. Eigentlich besteht dieser Anfang aber aus drei Feiern: Taufe, Firmung und Eucharistie. Wenn ein Erwachsener in die katholische Kirche aufgenommen wird, feiert er in einem Gottesdienst Taufe und Firmung und Erstkommunion.

Wusstest du schon, dass die frühen Christen den Fisch zu ihrem Symbol gemacht haben? Als die Christen im Römischen Reich verfolgt wurden, war der Fisch ihr Geheimsymbol. Auf Griechisch heißt Fisch „ichthys". In diesem Wort haben die Griechisch sprechenden Christen die Abkürzung ihres Glaubensbekenntnisses entdeckt: Iesous Christos Theou Yos Soter (Jesus Christus, Sohn Gottes, Retter).

Wo kann man nachlesen, was die Christen glauben?

Ich glaube an Gott, den Vater,
den Allmächtigen,
den Schöpfer des Himmels und der Erde,
und an Jesus Christus, seinen
eingeborenen Sohn, unseren Herrn,
empfangen durch den Heiligen Geist,
geboren von der Jungfrau Maria,
gelitten unter Pontius Pilatus,
gekreuzigt, gestorben und begraben,
hinabgestiegen in das Reich des Todes,
am dritten Tage auferstanden
von den Toten,
aufgefahren in den Himmel,
er sitzt zur Rechten Gottes, des Vaters,
von dort wird er kommen,
zu richten die Lebenden und die Toten.
Ich glaube an den Heiligen Geist,
die heilige katholische Kirche,
Gemeinschaft der Heiligen,
Vergebung der Sünden,
Auferstehung der Toten
und das ewige Leben. Amen.

Am einfachsten ist es, wenn du dir das Glaubensbekenntnis anschaust. Da steht alles Wichtige drin. Es ist eine Art Code oder Passwort des Glaubens. Es gibt zwei verschiedene Formen, eine lange komplizierte und eine kürzere.

Das Glaubensbekenntnis wird jeden Sonntag im Gottesdienst gesprochen. Jeder Christ kennt es. Und wenn jemand Christ werden möchte und sich taufen lässt, wird er gefragt, ob er glaubt, was im Glaubensbekenntnis steht. Man nennt das Glaubensbekenntnis auch „Credo", das ist lateinisch und bedeutet: „Ich glaube". Noch kürzer ist das „Geheimnis des Glaubens", in dem aber auch das Wichtigste gesagt wird. Es geht so: „Deinen Tod, o Herr, verkünden wir, und deine Auferstehung preisen wir, bis du kommst in Herrlichkeit." Das kürzeste Glaubensbekenntnis ist das Kreuzzeichen: „Im Namen des Vaters und des Sohnes und des Heiligen Geistes. Amen."

Ein Buch, in dem der Glauben erklärt wird, nennt man Katechismus. Ein Katechismus ist ein Schulbuch des Glaubens. Solche Bücher gibt es für Kinder und für Erwachsene.

Rund um den Glauben

Was bedeutet „Amen"?

Wer „Amen" sagt, ist einverstanden mit dem, was vorher gesagt wurde. Er antwortet: „Ja, so sei es. Ja, das stimmt." Das Wort kommt aus der hebräischen Sprache und wurde schon früh in die griechische und lateinische Sprache übernommen. „Amen" ist der Abschluss eines Gebetes. Wenn man allein betet, bekräftigt man mit „Amen" das Gebet. Wenn mehrere Menschen beten, z. B. im Gottesdienst oder vor dem Mittagessen, betet oft einer von ihnen vor. Die anderen beten in Gedanken mit und sagen am Schluss laut und gemeinsam „Amen".

Wenn wir bei der Kommunion die Hostie bekommen und der Priester oder Kommunionhelfer sagt: „Das ist der Leib Christi", antworten wir: „Amen." Damit sagen wir: „Ja, das stimmt. Ich glaube, dass das nicht nur Brot, sondern Jesus selbst ist."

So sieht das Wort Amen in hebräischer Schrift aus.

Hatte Jesus einen Doppelnamen?

Wusstest du schon, dass es eigentlich Christus Jesus heißen müsste? Weil „Christus" nicht der zweite Vorname oder der Nachname von Jesus ist, sondern der Titel. Denn man sagt ja auch nicht Elisabeth Königin, sondern Königin Elisabeth und nicht Benedikt Papst, sondern Papst Benedikt.

Der Name Jesus Christus ist eine Kombination aus dem Vornamen Jesus und dem Titel Christus, den man Jesus gegeben hat. „Christus" ist griechisch und heißt: der „Gesalbte", der „Messias". Das ist ein Ehrentitel, der den bezeichnet, den die Juden erwarten, damit er Gottes Reich aufbaut. Wer in Israel gesalbt ist, ist König oder Prophet. Auf jeden Fall jemand, den Gott ausgewählt hat.

Rund um den Glauben

Wer war Jesu bester Freund?

Jesus hatte ganz unterschiedliche Freunde: Fischer, Zollbeamte, Schriftgelehrte, Männer, die gegen die römische Besatzung kämpften, auch ein paar Frauen waren dabei. Das war für die damalige Zeit sehr ungewöhnlich. In der Bibel werden seine engsten Freunde Apostel und Jünger genannt. Man kann natürlich so viele Jahre später nicht genau sagen, ob einer von diesen Freunden sein bester Freund gewesen ist. Vielleicht war es aber Johannes: Von ihm wird berichtet, dass Jesus ihn besonders gern hatte. Auf Bildern sitzen sie oft nebeneinander und Jesus hat seinen Arm um ihn gelegt. Kurz bevor Jesus gestorben ist, hat er ihn gebeten, für seine Mutter zu sorgen. Er hat ihm also besonders vertraut.

Simon Petrus, Fischer aus Kafarnaum. Jesus nennt ihn Petrus. Das heißt „Fels".

Johannes, Fischer, bester Freund von Jesus, hat viele schlaue Fragen gestellt.

Jakobus der Ältere, Fischer, großer Bruder von Johannes.

Philippus kommt wie Andreas und Petrus aus Betsaida. Er ist gebildet und macht sich viele Gedanken. Er diskutiert mit Jesus über Gott und die Welt.

Bartholomäus oder **Nathanael** ist gemäß der Legende nach Indien, vielleicht auch nach Ägypten gegangen und hat dort missioniert. Von ihm gibt es im Frankfurter Dom eine Reliquie.

Andreas, Fischer am See Gennesaret, Bruder von Simon Petrus.

Judas Thaddäus, ihn kennt keiner so genau, er wurde in der Geschichte mit vielen anderen verwechselt. Er ist der Patron für hoffnungslose Fälle und schwere Anliegen.

Judas Iskariot hat Jesus an die Römer ausgeliefert, die ihn gekreuzigt haben. Dafür hat er Geld bekommen. Deshalb hat er auf Bildern oft einen Geldbeutel in der Hand. Später hat er sich sehr dafür geschämt und wollte nicht mehr leben.

Matthäus, Zöllner, der Steuern für die Römer eintrieb.

Simon Zelot leistete Widerstand gegen die römischen Besatzer.

Thomas, der Ungläubige, dem Jesus erst seine Wunden zeigen musste, damit er an die Auferstehung glauben konnte.

Jakobus der Jüngere, Sohn des Alphäus, nicht zu verwechseln mit Jakobus dem Älteren, kommt im Neuen Testament nur in der Aufzählung der zwölf Apostel vor. Auch er wird mit vielen anderen Jakobussen vertauscht.

Rund um den Glauben

Was hat Jesus den ganzen Tag gemacht?

Jesus ist viel durch das Land gewandert, er hat sich mit seinen Freunden unterhalten und ist mit einem Boot zum Fischen gefahren. Manchmal hat er sich auf den Boden gesetzt und auf den Sand geschrieben und gemalt (Joh 8,6). Das ist sehr praktisch, weil es überall möglich ist und man dazu kein Papier braucht.

Jesus war gleichzeitig so etwas wie der Lehrer seiner Freunde. Er hat ihnen erklärt, was Gottes Wille ist. Damit kannte er sich gut aus, und da machte er keine Kompromisse. Er war überzeugt: Wenn du Gottes Willen wirklich tun willst, dann geht das nur mit ganzem Herzen: ganz oder gar nicht (Mk 10,17–31). Er konnte wirklich gut erklären, auch wenn er manchmal etwas streng war. Er hat so gut erklärt, dass man gar nicht gemerkt hat, wie viel Neues man lernt. Seine Spezialität waren Gleichnisse. Das sind Geschichten, die so lebendig erzählt werden, dass man sie sich gut merken kann. An einem Gleichnis sind manche Dinge ganz leicht zu verstehen. Anderes bleibt rätselhaft, man denkt immer wieder darüber nach und so bleibt es im Gedächtnis.

Wahrscheinlich war es dieses Erzählen, was die Leute an Jesus so faszinierend fanden. Es war egal, ob man klug war oder reich oder erwachsen oder einen tollen Beruf hatte. Über Gleichnisse nachdenken kann jeder. Ein Gleichnis zu verstehen ist für eine Schülerin nicht schwieriger als für einen Professor. Das war sehr wichtig für Jesus: Er wollte zeigen, dass jeder Gott nah sein kann, der an ihn glaubt. Denn Gott macht nicht erst einen Test und prüft, ob man schlau genug ist, bevor er ihn zu sich einlädt. Bei Gott ist jeder wichtig. Einmal hat Jesus sogar die Erwachsenen ausgeschimpft, weil sie meinten, die Kinder würden ihm auf die Nerven gehen. Da hat er gesagt: „Lasst die Kinder zu mir kommen. Hindert sie nicht daran. Menschen wie ihnen gehört das Himmelreich" (Mk 10, 14–15).

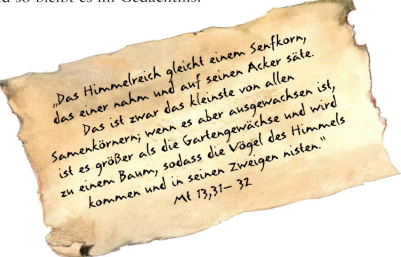

„Das Himmelreich gleicht einem Senfkorn, das einer nahm und auf seinen Acker säte. Das ist zwar das kleinste von allen Samenkörnern; wenn es aber ausgewachsen ist, ist es größer als die Gartengewächse und wird zu einem Baum, sodass die Vögel des Himmels kommen und in seinen Zweigen nisten."
Mt 13,31–32

Rund um den Glauben

Konnte Jesus zaubern?

Nein, zaubern konnte Jesus nicht. Er hat keine Kaninchen verschwinden lassen und keine Kröten in Kaffeekannen verwandelt. Er konnte nicht einmal auf einem Besen fliegen oder an zwei Orten gleichzeitig sein. Eigentlich war er ganz normal. Allerdings hat er schon einige wunderbare Dinge getan: In der Bibel wird erzählt, dass er einen Blinden geheilt hat und gemacht hat, dass ein Gelähmter wieder gehen konnte. Er hat bewirkt, dass ein paar Brote und Fische eine riesige Menschenmenge sattmachten.

Es ist sogar mehr übrig geblieben, als am Anfang da war. Dann hat er ein kleines Mädchen und seinen Freund Lazarus wieder lebendig gemacht, nachdem sie gestorben waren. Und er hat einen Jungen, der schwer krank war, gesund gemacht.

Daran kann man erkennen, dass Jesus von Gott gesandt ist, dass er Gottes Sohn ist. Viele von denen, die Jesus geheilt hat, haben das gemerkt: Sie haben ihm geglaubt und sind mit ihm gegangen. Das ist das Wichtigste an den Wundern: Die Menschen merkten, dass Gott für sie sorgt. Jesus hat sie nicht verzaubert, aber doch irgendwie verwandelt. Sie wussten plötzlich, dass Gott es gut mit ihnen meint und dass mit ihm die Welt gut werden kann.

Hat Jesus auch gebetet?

Jesus hat oft gebetet. Das ist eigentlich logisch, denn sonst hätte er nicht so genau gewusst, was Gottes Wille ist. Er hat Gott „Abba" genannt, das heißt „Papa" oder „lieber Vater". Es ist eine liebevolle Anrede. Jesus war also gut vertraut mit Gott und konnte ihm alles sagen. Manchmal hat er stundenlang gebetet, ganz allein auf einem Berg. Er hat versucht, Gottes Willen zu verstehen und zu tun, obwohl das nicht immer einfach war. Er war auch nicht zimperlich beim Beten: Als es ihm ganz schlecht ging und er große Angst hatte, hat er sogar nach Gott geschrien (Mk 15,34). Und trotzdem war er sicher, dass Gott ihn nicht allein lässt.

Er kannte viele Gebete, Psalmen und das Glaubensbekenntnis der Juden. Jesus ist mit seinen Freunden zum Gottesdienst in die Synagoge und in den Tempel gegangen, um dort zu beten. Er hat den Menschen auch gezeigt, dass jeder beten kann und dass man dafür keine komplizierten Formeln braucht. Es kommt nur darauf an, dass man ehrlich ist und Gott sagt, ob man froh ist oder traurig, dass man ihn lieb hat oder ihn um etwas bitten möchte. Jesus hat oft für seine Freunde gebetet, dass Gott bei ihnen bleibt und dass sie ihm vertrauen. Er hat seinen Freunden ein Gebet beigebracht, das Vaterunser (Mt 6,5–15). Dieses Gebet kennen alle Christen. Es wird in jedem Gottesdienst gebetet. Es ist die Kurzfassung der Botschaft Jesu.

Kann ich Gott um alles bitten?

Ja. Jesus hat das ausdrücklich gesagt: „Wenn ihr mit mir verbunden seid, wenn ihr in meinem Namen bittet, dann bittet um alles, was ihr wollt" (Joh 15,7). Allerdings ist Gott kein Zauberer. Er wird nicht machen, dass du in der Mathearbeit eine Eins bekommst, wenn du am Abend vorher noch kein Mathe konntest. Denn dafür müsste Gott ja dein Gehirn verzaubern. Das ist aber nicht seine Sache. Er will dich nicht verzaubern, sodass du plötzlich nicht mehr du selbst bist, nicht mal für die Mathearbeit, sondern er will dich von innen heraus verwandeln.

Für Gott ist wichtig, dass wir alles, was wir tun, mit ihm zusammen tun. Dass wir mit ihm aufwachen und den Tag verbringen und mit ihm einschlafen. So ist er immer mit dabei. Er verzaubert nicht unser Gehirn, aber er kann unser Herz verwandeln. Er kann dir z. B. Mut geben und Zuversicht, dass die Mathearbeit gelingt. Du kannst Gott darum bitten, dass du deine Sache gut machst. Du kannst auch für andere Menschen bitten, dass sie eine schwierige Zeit bestehen, dass gelingt, worauf sie hoffen. Oder dass sie nach einem Streit wieder zueinanderfinden. Dass sie nicht mehr so traurig sind.

Gott hat den Menschen die Freiheit gegeben zu handeln. Frei sein heißt aber nicht, dass der Mensch tun kann, was er will. Frei sein heißt, sich entscheiden können, heißt auch, Verantwortung zu tragen für das eigene Tun und Lassen. In der Bibel steht dazu: „Gottes Willen zu tun ist Treue." (Sir 15,15) und: „Zur Freiheit hat uns Christus befreit." (Gal 5,1)

Rund um den Glauben

Warum ist Jesus gestorben?

Jesus war ziemlich selbstbewusst und hat keine Kompromisse geschlossen. Er hat klipp und klar gesagt, dass Gott jeden Menschen annimmt, der ihn ehrlich sucht und sich auf den Weg zu ihm macht. Er hat gesagt, dass er selbst dieser Weg ist (Joh 14,6). Das bedeutet: Wer Gott finden will, muss Jesus suchen und ihm folgen. Darüber haben sich viele geärgert, besonders die, die Macht über die Menschen hatten. Sie hatten Angst, diese Macht zu verlieren, weil die Menschen Jesus mehr glaubten als ihnen. Manche meinten aber auch, dass er Falsches über Gott und über die Bibel gelehrt hat. Das wollten sie nicht zulassen. Deshalb haben sie ihn angeklagt und verhört. Allerdings konnten sie ihm nichts nachweisen. Er hatte nichts falsch gemacht und nichts Böses gesagt. Er hat sich noch nicht einmal gewehrt, als sie ihn verprügelt und gefoltert haben. Denn er war sicher: Mit Gewalt kommt man nicht weiter. Gewalt überzeugt niemanden. Jesus wusste, dass es auf ihn ankommt: Er musste den

1. Pilatus verurteilt Jesus zum Tod am Kreuz, obwohl er nichts Böses getan hat.

2. Jesus muss sein Kreuz selbst tragen. Er lädt es sich auf die Schultern.

3. Jesus fällt zum ersten Mal hin. Das Kreuz ist zu schwer.

4. Jesus begegnet seiner Mutter. Sie ist sehr traurig. Aber sie gibt ihm auch Kraft.

9. Jesus fällt zum dritten Mal hin. Er ist am Ende seiner Kraft. Das Kreuz drückt ihn zu Boden.

10. Die römischen Soldaten nehmen Jesus seine Kleidung weg. Sie verlosen sie unter sich.

11. Jesus wird ans Kreuz geschlagen. Auf der Tafel am Kreuz steht: Jesus von Nazareth, König der Juden.

Rund um den Glauben

Menschen zeigen, dass nichts, nicht einmal Folter und Tod, stärker ist als Gottes Liebe.

Pontius Pilatus hat Jesus verhaftet. Er war zu dieser Zeit römischer Statthalter in Judäa. Er hatte das Recht, die Todesstrafe zu verhängen. Er machte Jesus den Prozess. Jesus wurde gefoltert und zum Tod am Kreuz verurteilt. Er musste sogar sein Kreuz selbst bis zu dem Ort schleppen, an dem es aufgestellt wurde. Dieser Ort heißt „Golgota", die „Schädelstätte". In den Kirchen gibt es Bilder oder Figuren, die diesen Weg zeigen. Man nennt sie „Kreuzweg".

Einer von Jesu Freunden hat geholfen, dass die Römer Jesus festnehmen konnten. Er hieß Judas. Später hat er sich sehr dafür geschämt und ist nie wieder froh geworden. Er wollte nicht mehr leben. Einige seiner anderen Freunde haben Angst bekommen, als Jesus verhaftet wurde und gestorben ist. Sie sind weggelaufen und haben behauptet, dass sie ihn nicht kennen. Später tat es ihnen leid. Dann erst haben sie verstanden, wer Jesus wirklich war. Sie haben allen Leuten von ihm erzählt. Seine Mutter und sein Freund Johannes sind aber bei ihm geblieben bis zum Schluss.

5. Simon von Zyrene hilft Jesus dabei, das Kreuz zu tragen. Er ist ein guter Mensch.

6. Veronika gibt Jesus ein Tuch, damit er sich Schweiß und Blut vom Gesicht wischen kann.

7. Jesus fällt zum zweiten Mal hin. Er ist sehr schwach und kann kaum noch aufstehen.

8. Jesus begegnet einer Gruppe Frauen. Sie weinen um ihn und um das Dunkle in der Welt.

12. Jesus stirbt. Himmel und Erde werden dunkel. Jesus gibt sein Leben für die Schuld der Welt.

13. Jesus wird vom Kreuz genommen. Seine Mutter Maria nimmt ihren toten Sohn in den Arm.

14. Jesus wird in ein Grab gelegt. Josef von Arimathäa kümmert sich um seinen toten Körper.

Rund um den Glauben
Hat sich Jesus in Luft aufgelöst?

Thomas, einer der Jünger Jesu, konnte nicht glauben, dass Jesus von den Toten auferstanden ist. Erst als Jesus ihm die Wunden an seinen Händen gezeigt hat, ließ sich Thomas überzeugen. Deshalb nennt man diesen Jünger auch den ungläubigen Thomas.

Nachdem Jesus gestorben war, wurde er in ein Grab gelegt. Damals hat man in Palästina die Toten nicht in einem Sarg in die Erde gelegt, sondern das Grab war eine Höhle, die sogar eine Tür hatte: einen Stein, den man wegrollen konnte. Drei Tage nach seinem Tod sind die Frauen, die mit Jesus befreundet waren, zum Grab gegangen. Sie sahen, dass etwas ganz Ungewöhnliches geschehen war: Das Grab war leer, der tote Körper von Jesus war nicht mehr da. Ein Engel hat ihnen erklärt, warum: „Er ist von den Toten auferstanden" (Mt 28,6). Das konnten die Jünger erst gar nicht glauben. Dann haben sie ihn gesehen, denn er ist ihnen erschienen. Er war wie früher und doch anders. Er hat ihnen gesagt, dass sie allen Menschen von ihm und seiner Auferstehung erzählen sollen. Danach sahen sie ihn nicht mehr (Lk 24,31).

Er hat sich allerdings nicht einfach in Luft aufgelöst, denn wer sich in Luft auflöst, ist ja nicht mehr da und es ist, als hätte es ihn nie gegeben. Jesus war aber da und ist immer noch da. Er ist wieder zu seinem Vater in den Himmel zurückgekehrt. Dort ist sein Platz von Anfang an. Er lebt, aber auf eine andere Weise.

Er hat den Menschen versprochen, dass sie mit ihm bei seinem Vater leben werden.

Deshalb sind die Christen ganz sicher, dass mit dem Tod nicht alles vorbei ist. Denn Jesus hat den Tod besiegt, er ist der Weg zum Leben. Dabei ist er wirklich gestorben, er hat nicht nur so getan, als ob er tot wäre. Das Besondere daran ist, dass der Tod nicht gewonnen hat: Jesus war so vertraut mit Gott, dass dieses Vertrauen stärker war als der Tod. Die Verbindung zwischen ihm und seinem Vater war so stark, dass sie einfach nicht abreißen konnte, nicht einmal dort, wo normalerweise alles zu Ende ist.

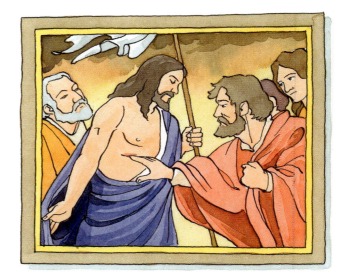

Warum ist das Kreuz so wichtig für die Christen?

In jeder Kirche ist ein Kreuz aufgestellt. Viele Christen tragen ein Kreuz an der Halskette oder haben über ihrer Haustür ein Kreuz aufgehängt. Das Kreuz ist das Erkennungszeichen der Christen. Es zeigt, dass Jesu Tod etwas ganz Besonderes war. Nicht, weil nur er am Kreuz gestorben wäre – viele Menschen wurden damals gekreuzigt – sondern weil sein Tod ein neuer Anfang für die Menschen ist. Jesus ist in die Welt gekommen, weil die Menschen Gott verloren hatten und ihm nicht mehr vertrauen konnten. Wenn man sich nicht mehr vertraut, findet man nicht mehr zueinander. Es wird dunkel und kalt. Man kann sich nicht einmal mehr in die Augen sehen. Es geht einfach nicht. Es ist, als wenn man einen breiten Fluss überqueren müsste, aber keine Brücke hat. Die Menschen haben die Brücke zu Gott abgebrochen. Jesu Tod ist eine neue Brücke: Er, der Sohn Gottes, hat sich ganz auf die Seite der Menschen gestellt, die Gott nicht mehr finden. Er hat miterlebt, wie es ist, ganz verlassen zu sein. Das Besondere daran ist, dass er das freiwillig getan hat und sogar noch in dieser Kälte und Dunkelheit Gott vertraut hat. Dadurch hat er eine Brücke gebaut, die die Menschen selbst nie hätten bauen können: Vom Tod zum Leben, von der Dunkelheit ins Licht, von der Einsamkeit zurück zu Gott.

Rund um den Glauben

Haben die Christen Geheimnisse?

Im Gottesdienst gibt es eine Stelle, an der der Diakon oder der Priester die Menschen bittet, das „Geheimnis des Glaubens" zu sagen und damit die Eucharistiefeier in Worte zu bringen. Es geht so: „Deinen Tod, o Herr, verkünden wir, und deine Auferstehung preisen wir, bis du kommst in Herrlichkeit."

Darf man es verraten? Klar. Es heißt nicht deshalb Geheimnis, weil es keiner wissen dürfte. Im Gegenteil: So viele wie möglich sollten es wissen! Es heißt Geheimnis, weil es das Wichtigste und Wunderbarste enthält, was die Christen glauben. Auf Griechisch und Lateinisch sagt man nicht „Geheimnis", sondern „Mysterium". Ein Mysterium ist etwas, das Gott den Menschen anvertraut hat und das so wunderbar ist, dass man es sich nicht ausdenken oder ganz verstehen kann: dass Jesus für uns gestorben und auferstanden ist.

Rund um den Glauben

Spukt es in der Kirche?

Nein, der Heilige Geist ist schließlich kein Gespenst. Allerdings weht er, wo er will, man kann ihn nicht einfangen. Er hat keinen Körper und man kann ihn nicht sehen. Aber spüren kann man ihn: Wenn du dich gefürchtet hast oder traurig warst und nun wieder froh sein kannst, war er da. Wenn Menschen keine Angst mehr haben vor dem Tod und wenn sie gemeinsam Gottesdienst feiern, ist er da. Wenn du verstehst, was Jesus in einer seiner Geschichten gemeint hat, und wenn du spürst, dass Gott dich lieb hat, dann ist er da. Wenn Kinder oder Erwachsene nach einem Streit wieder miteinander sprechen und sich wieder gern haben, war der Heilige Geist im Spiel. Wenn wir Gott bitten, dass er immer bei uns bleibt, dass er uns zeigt, wohin wir gehen sollen, ist er da. Wenn ein junger Mensch spürt, welchen Weg und welchen Beruf Gott für ihn vorgesehen hat, wenn er spürt, dass auf diesem Weg sein Leben gut wird, dann ist er da. Wenn du eine Kerze in der Hand hältst und ganz still wirst und aufmerksam für Gott, dann ist er da.

Der Heilige Geist ist das, was die Menschen mit Gott verbindet und auf den Weg führt, den Jesus uns gezeigt hat. Er bewirkt, dass die Menschen an Jesus glauben, obwohl sie ihn nicht mehr sehen und anfassen können. Diesen Geist gab es immer schon, denn er gehört auf die Seite Gottes. Er war schon im Spiel, als Gott die Welt erschaffen hat. Er ist überall da, wo Gott am Werk ist. Gott hat keinen Anfang und kein Ende, er wird nicht geboren und stirbt nicht.

Wusstest du schon, dass der Heilige Geist Geschenke verteilt? Allerdings sind es keine, die man auspacken oder sehen kann. Man nennt diese Geschenke die „Gaben" oder „Früchte" des Heiligen Geistes. Dazu gehören Weisheit und Liebe, Freude und Stärke, Treue und Geduld und noch vieles mehr. Diese Gaben helfen den Menschen, Gott näherzukommen und besser zu verstehen, damit ihr Leben gut wird. Sie führen die Menschen zu Jesus.

Wo ist der Himmel?

Himmel bedeutet, immer mit Gott zusammen zu sein. Dann ist das Leben gut. Es ist, als ob das Herz fliegen könnte. Wie es ein wenig den „Himmel auf Erden" gibt, so kann man manchmal auch so etwas wie die „Hölle auf Erden" spüren. Aber auf unserer Erde gibt es nichts, was immer schön wäre. Es gibt auch nichts, was nur traurig wäre. Das Glück auf unserer Erde dauert leider nicht ewig. Aber auch alle Traurigkeit und alle Wut hören auf unserer Erde einmal auf.

Jesus spricht oft vom Reich Gottes. Er ist davon überzeugt, dass es schon angefangen hat, dass also der Himmel auf Erden schon zu spüren ist. Wir glauben, dass eines Tages das Reich Gottes ganz da ist und dass es kein Ende hat.

Kommen Hunde in den Himmel?

Wir wissen nicht genau, wie es im Himmel sein wird. Deshalb kann man auch nicht sicher sagen, ob Hunde in den Himmel kommen. Oder ob du deine Katze, die vielleicht gestorben ist, einmal wiedersehen wirst. Man kann keine eindeutige Antwort finden. Aber man kann über die Frage nachdenken: Wir glauben, dass Gott alle Geschöpfe gemacht hat. Wir hoffen, dass das Reich Gottes eines Tages ganz da ist. Und wir glauben an die Auferstehung der Toten. Wir glauben, dass wir uns nach unserem Tod nicht in Luft auflösen, sondern bei Gott leben werden. Wir werden wahrscheinlich etwas anders aussehen als jetzt, aber wir werden uns wiedererkennen. Wir werden nicht jemand ganz anderes sein. Das, was auf der Erde gut und wichtig war, wird auch im Himmel gut und wichtig sein. Alle Geschöpfe sollen Gott loben. Dein Hund, den du gern hattest, gehört zu dir und zur ganzen Schöpfung. Gott wird ihn nicht vergessen. Vielleicht ist er nicht als Hund im Himmel. Aber bestimmt wird er in deinem Herzen mit dabei sein.

Rund um den Glauben

Haben Engel Flügel?

Das ist ganz schwierig zu beantworten, denn Engel kann man nicht sehen. Engel sind zwar Geschöpfe wie die Menschen, aber sie haben keinen Körper und man kann nicht sagen, ob sie groß sind oder klein oder dick oder dünn. Also kann man auch nicht sehen, ob sie Flügel haben und wenn ja, wie viele.

Allerdings gibt es eine Stelle in der Bibel, die uns einen Hinweis gibt:

„Serafim standen vor ihm; jeder hatte sechs Flügel. Mit zweien bedeckte er sein Angesicht, mit zweien bedeckte er seine Füße, mit zweien flog er."
Jes 6,2

Die Serafim sind besondere Geschöpfe. Sie sind die Thronwächter Gottes. Im Gottesdienst gibt es eine Stelle, an der diese himmlischen Wesen vorkommen: beim Lied zum „Heilig, heilig, heilig" (Jes 6,3). Dieses Lied singen wir auf der Erde gemeinsam mit ihnen im Himmel.

Wenn in der Bibel von Engeln gesprochen wird, sind sie immer männlich. Sie haben nichts mit den kleinen blonden Mädchen mit Flügeln zu tun, die in manchen Büchern vorkommen und im Himmel Plätzchen backen. Sie sind Boten Gottes und ihm ganz nah. „Engel" bedeutet: „Bote". In der Bibel wird vom Engel Gabriel berichtet, der Maria die Botschaft ausrichtete, dass sie die Mutter von Jesus sein würde. Er ist der Bote, der das Heil der Welt ankündigt.

Wohnt der Teufel in der Hölle?

Über die Hölle wissen wir nicht viel. Es hat in der Geschichte viele unterschiedliche Vorstellungen darüber gegeben, was die Hölle ist und wo sie sich befindet. Im Mittelalter, also vor ungefähr 1000 Jahren, hat man sich die Hölle wie einen riesigen Folterkeller vorgestellt. Man dachte, dass es dort furchtbar heiß ist und man immer Schmerzen hat.

Heute versucht man eher herauszufinden, was Hölle bedeutet. Hölle ist das, was man bei einer ganz schlimmen Trennung spürt: Man ist so traurig, dass es wehtut. Das Herz wird eng und einsam. Hölle bedeutet, für immer von Gott getrennt zu sein.

Der Teufel ist in der christlichen Tradition einer der Engel. Er ist kein böser Gott, sondern ein Geschöpf Gottes wie die guten Engel und die Menschen auch. Er hat sich gegen Gott entschieden. Er wollte sich für immer von Gott trennen. So ist die Hölle überhaupt erst entstanden.

Gott will keine Hölle. Er möchte mit uns Gemeinschaft haben. Er will das Heil der ganzen Welt. Aber er zwingt niemanden dazu. Denn man kann niemanden zwingen, dass er einen anderen gernhat.

Rund um den Glauben

Rund um die Kirche

Rund um die Kirche

Was ist eine Kirche?

Das Wort „Kirche" bezeichnet zwei verschiedene Dinge: das Gebäude, in dem die Menschen Gottesdienst feiern, und diese Menschen selbst: Menschen, die an Jesus Christus glauben und zusammen Gottesdienst feiern. Diese Menschen sind ganz unterschiedlich: Sie sind jung oder alt, arm oder reich, sie sprechen möglicherweise verschiedene Sprachen, haben verschiedene Berufe, sie denken unterschiedlich über Politik, sie haben viele Kinder oder wenige oder gar keine. Es gibt tausend Unterschiede zwischen den Menschen. Trotzdem feiern sie zusammen Gottesdienst. Was sie verbindet, ist ihr Glaube.

Auch das Kirchengebäude kann ganz unterschiedlich sein. Es gibt lange und kurze, breite und schmale, eckige und runde, schöne und weniger schöne Kirchengebäude. Die meisten Kirchen sehen etwas anders aus als die normalen Häuser, sie sind größer und haben bunte Fenster. Auch durch das Licht, das durch die bunten Fenster fällt, sieht es anders aus als in einem Wohnhaus.

Kirchengebäude stehen oft auf einem Platz. Seit dem Mittelalter haben viele Kirchen einen oder sogar mehrere Türme. Manchmal ist ein Turm an die Kirche angebaut, manchmal steht er einzeln. Im Turm hängen Glocken. Die kann man meistens nicht sehen, aber hören: Sie geben die Uhrzeit an: ein Schlag pro Stunde. Wenn die Glocken neunmal schlagen, ist es neun Uhr. Manche Kirchturmuhren und Glocken geben auch die Viertelstunde an: ein Schlag pro Viertelstunde. Außerdem läuten die Glocken, wenn es Zeit ist, zum Gottesdienst zu gehen. Oft gibt es verschiedene Glocken, die unterschiedlich klingen: fröhlich zu einer Taufe oder Hochzeit, festlich am Sonntag und an Ostern und Weihnachten, traurig und etwas bedrückend bei einer Beerdigung. Dann läutet meist nur eine einzige Glocke. Sie wird Totenglocke genannt.

Rund um die Kirche

Was macht der Hahn auf dem Turm?

Oben auf der Turmspitze steht oft ein Kreuz oder ein Hahn. Wenn man sich auf den Platz vor den Kirchturm stellt, muss man den Kopf schon ganz schön in den Nacken legen, um den Hahn auf der Turmspitze zu erkennen.

Der Hahn ist ein Zeichen für Wachsamkeit. Mit dem ersten Hahnenschrei beginnt der Tag. Der Hahn ist Frühaufsteher und Wächter zugleich. Er ist der Erste, der Jesus bemerkt, wenn er einmal wiederkommt. Ganz praktisch gesehen dient der Hahn auf dem Kirchturm dazu, die Windrichtung zu bestimmen. Er ist beweglich, damit er bei starkem Wind nicht abbricht. Dadurch dreht er sich mit dem Wind und man kann an ihm ablesen, woher der Wind kommt.

> Wusstest du schon, dass im Alten Testament kein einziger Hahn erwähnt wird? Das liegt daran, dass Hühner erst etwa im 5. Jahrhundert vor Christus aus Indien über Persien und Mesopotamien nach Palästina eingeführt worden sind. Wenn im Alten Testament von Federvieh die Rede ist, sind Enten oder Gänse gemeint.

Und schließlich ist der Hahn jemand, der zur Treue mahnt: Kurz bevor Jesus verhaftet wurde, hat sein Freund Petrus gesagt: „Ich halte immer zu dir!" Jesus hat entgegnet: „Noch bevor der Hahn kräht, wirst du dein Wort brechen. Du wirst behaupten, dass du mich nicht kennst" (Mk 14,30–31). So kam es dann auch (Mk 14,66–72). Petrus hat nicht zu Jesus gehalten, als es ernst wurde. Der Hahn auf dem Dach ist deshalb wie ein Schild, das mahnt: „Halte zu Jesus und halte zu deinen Freunden, wenn du es versprochen hast!"

Rund um die Kirche

Wie sieht eine Kirche von oben aus?

Stell dir einmal vor, du stehst mit dem Hahn auf der Turmspitze. Vielleicht kannst du den Turm auch wirklich besteigen. Frag einfach mal den Pfarrer oder den Küster oder den Organisten, ob er mit dir die steile Wendeltreppe hochklettert. Von dort oben hast du einen wunderbaren Blick auf die ganze Stadt. Alles sieht ein bisschen anders aus: Menschen und Autos und Bäume sind viel kleiner als sonst. Von den Häusern sieht man vor allem die Dächer. Gleichzeitig ist die Stadt übersichtlicher geworden: Man erkennt genau, wie die Straßen verlaufen. Wenn du dir nun in Wirklichkeit oder in Gedanken mit dem Hahn die Kirche von oben ansiehst, erkennst du die Form, die der Kirchenraum hat.

Viele große Kirchen, besonders die älteren, sehen von oben aus wie ein Kreuz: Sie haben einen langen Teil und quer zu diesem langen Teil kreuzt ein etwas kürzerer Teil. Nun stell dir vor, das Dach wäre durchsichtig und du könntest auf ihm herumspazieren. Auf dem Bild kannst du so eine „durchsichtige Kirche" sehen.

Nun spazieren wir wieder zurück zum Turm und klettern in Gedanken herunter. Von oben hat man zwar einen guten Überblick, aber die einzelnen Gegenstände in der Kirche sieht man doch nicht so genau. Deshalb geht's nun ganz normal durch die Tür in die Kirche.

Rund um die Kirche

Wie sieht eine Kirche von innen aus?

Jede Kirche sieht ein bisschen anders aus. Es lohnt sich, verschiedene Kirchen einmal von innen anzusehen. Unten im Turm ist meistens der Haupteingang. Wenn man hier in die Kirche hineingeht, kann man den ganzen Raum überblicken. Kirchen, die schon ziemlich alt sind, haben oft hohe Säulen, die das Dach halten. Man hat damals versucht, immer höhere Kirchen zu bauen, Kirchen, die fast bis in den Himmel reichen. Und weil eine Kirche das Haus Gottes ist, wollten die Menschen es so schön wie möglich machen: mit großen, bunten Fenstern, mit Bildern und Statuen, prächtigen Stühlen und Kerzenleuchtern.

Ganz nah am Eingang gibt es in katholischen Kirchen ein kleines Becken mit geweihtem Wasser. Es erinnert an das Taufwasser. Wenn man die Kirche betritt, taucht man die Fingerspitzen in dieses Wasser und macht dann mit der Hand ein Kreuzzeichen über sich: von der Stirn zur Brust und von Schulter zu Schulter.

> Das Kreuzzeichen geht so: Zuerst berührt man mit der rechten Hand die Stirn, dann die Brust, dann die linke Schulter und zum Schluss die rechte. Mit dieser Bewegung malt man ein unsichtbares Kreuz auf den eigenen Körper.
> Dabei sagt man:
> „Im Namen des Vaters und des Sohnes und des Heiligen Geistes."
> Man macht dieses Zeichen, wenn man eine Kirche betritt und die Hand in das Weihwasser am Eingang getaucht hat. Man macht es am Beginn eines Gottesdienstes, vor einem Gebet zu Hause, z.B. vor dem Tischgebet oder dem Abendgebet. Und man macht es, wenn man einen Segen bekommt.

① In dem langen Teil, der vom Turm abgeht, stehen viele Reihen Bänke oder Stühle. Hier sitzt die Gemeinde. Diesen Teil nennt man „Langhaus" oder „Langschiff".

② Dies ist das „Querschiff".

③ Den Bereich, in dem sich die vier „Kirchenstraßen" kreuzen, nennt man „Vierung".

④ Den Teil, der hinter der Vierung beginnt, nennt man „Chorraum" oder „Apsis". Dieser Teil liegt fast immer im Osten. Hier steht der Altar.

⑤ Im Gottesdienst schauen die Menschen also nach Osten. Denn im Osten geht die Sonne auf. Christus ist das Licht der Welt. Die Christen schauen im Gottesdienst nach Osten, weil sie erwarten, dass Christus einmal wiederkommt.

In jeder Kirche gibt es einen Taufbrunnen. Hier werden die Kinder oder die Erwachsenen getauft und in die Kirche aufgenommen. Wo er steht, ist in jeder Kirche anders. Oft unten im Turm, nah am Haupteingang. Damit wird ausgedrückt, dass die Taufe der Anfang des Lebens als Christ ist. Oder er steht weit vorn in der Nähe des Altars. Damit wird ausgedrückt, dass der Gottesdienst zum Leben des Christen ganz fest dazugehört.

Wo steht der Altar?

Das Wichtigste in einer Kirche ist der Altar. Das ist ein kunstvoller Tisch aus Stein. Er steht an der Stelle, zu der man fast automatisch hinschaut, egal, in welche Bank man sich gesetzt hat. Deshalb kann man ihn leicht finden. In den Kirchen, die so geformt sind wie die Kirche, die wir uns in Gedanken von oben angesehen haben, steht er auf der „Kreuzung" oder dahinter im Chorraum. Am Altar findet die Eucharistiefeier statt. Auf ihm stehen in der Messe Brot und Wein.

In der Nähe des Altars steht der Ambo. Das ist ein Lesepult, das so ähnlich aussieht wie ein Notenständer mit Mikrofon. Allerdings steht der Ambo fest und wackelt nicht so wie ein Notenständer. Oft ist er so ähnlich gestaltet wie der Altar. Vom Ambo aus wird im Gottesdienst aus der Bibel vorgelesen. Auch die Fürbitten und die Predigt werden von hier aus vorgetragen.

Außerdem gibt es in der Nähe des Altars und des Ambos ein Kreuz. Manchmal hängt es von der Decke herab, manchmal steht es auf dem Altar oder in einem Ständer neben dem Altar. Es ruft den Christen immer wieder die Mitte ihres Glaubens in Erinnerung: Tod und Auferstehung Jesu Christi.

Wusstest du schon, dass in fast jedem katholischen Altar eine Reliquie aufbewahrt wird? Früher wurden die christlichen Kirchen immer über dem Grab eines Heiligen gebaut.

Rund um die Kirche

Was ist ein Tabernakel?

In einer katholischen Kirche gibt es immer einen Tabernakel. Das ist ein kleiner Schrank, in dem das Brot aufbewahrt wird, das in der Messe geheiligt wurde. Dieser Schrank ist manchmal etwas versteckt und oft ist er so kunstvoll verziert, dass man ihn gar nicht als Schrank erkennt. Es gibt aber ein Erkennungszeichen: Vor dem Tabernakel hängt oder steht eine Kerze, die aussieht wie ein Grablicht. Diese Kerze brennt immer. Man nennt sie „ewiges Licht". Sie ist ein Zeichen dafür, dass Jesus Christus lebt und im geweihten Brot gegenwärtig ist. Wenn du dir eine Kirche anschaust, solltest du vor dem Tabernakel eine Kniebeuge machen. Denn der Ort, an dem der Tabernakel steht, ist ein Ort des Gebetes.

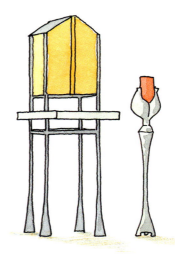

Wusstest du schon, dass „Tabernakel" übersetzt auch „Zelt" bedeutet? Er ist das „Zelt" der Gegenwart Gottes unter den Menschen. Diese Vorstellung geht auf das heilige Zelt der Bundeslade zurück (Ex 33;40). Das Volk Israel führte auf seiner Wanderung durch die Wüste dieses Zelt immer mit sich. Es ist der Ort der „Herrlichkeit des Herrn", Zelt der Gottesbegegnung.

Rund um die Kirche

Wie macht man eine Kniebeuge?

Ganz einfach: Man beugt ein Knie. Genau genommen beugt man beide Knie. Wenn du zum ersten Mal eine Kniebeuge machst, kommst du vielleicht aus dem Gleichgewicht. Du kannst dich am Tisch oder an einer Bank festhalten. Mit dem rechten Knie berührst du den Boden, ungefähr da, wo deine linke Ferse ist. Eine Kniebeuge geht also tiefer als ein Knicks. Schließlich ist eine Kirche kein Ballettsaal und Jesus ist kein Prinz. Der Oberkörper bleibt gerade.

Die Kniebeuge ist ein Zeichen der Verehrung. Sie ist für Gott reserviert. Nur er wird angebetet. Jesus Christus ist sein lebendiges Wort, seine lebendige Gegenwart in der Welt. Er ist im geweihten Brot gegenwärtig. Deshalb macht man vor diesem Brot bzw. vor dem Tabernakel, in dem es aufbewahrt wird, eine Kniebeuge.

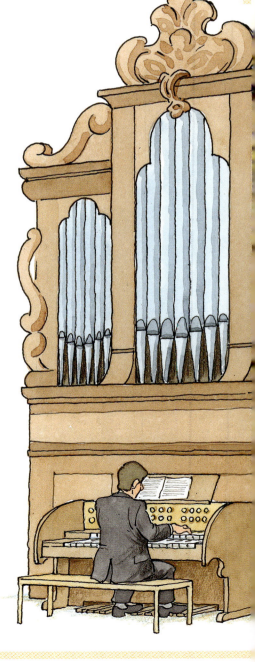

Rund um die Kirche

Woher kommt die Musik?

Wenn du vorne in der Nähe des Altares stehst und nach hinten zur Eingangstür schaust, kannst du die Orgelempore sehen. Ganz hinten über den letzten Bänken, quasi in der ersten Etage der Kirche, ist meistens die Orgel angebracht. Jemanden, der die Orgel bedienen kann, nennt man Organist. Oft leitet er auch den Kinderchor und singt im Gottesdienst etwas vor.

Wusstest du schon, dass die Orgel das größte Musikinstrument ist, das es gibt? Deshalb wird sie auch die Königin der Instrumente genannt. Manche Orgeln sind so groß, dass man sogar in ihnen herumgehen kann. Es ist sehr spannend, sich eine Orgel genau anzusehen. Frag einmal den Mann oder die Frau, die in deiner Gemeinde die Orgel spielt, ob du dir die Orgel anschauen darfst.

Eine Orgel besteht aus vielen tausend Pfeifen. Jede Pfeife gibt einen Ton mit einem besonderen Klang. Manche Pfeifen klingen wie eine Trompete, andere wie eine Flöte. In einigen Orgeln gibt es sogar Pfeifen, die wie Vogelgezwitscher klingen. Wenn viele Pfeifen zusammenklingen, hört es sich an wie ein ganzes Orchester. Man bedient eine Orgel ganz ähnlich wie ein Klavier. Aber sie hat nicht nur eine Reihe Tasten, sondern gleich zwei oder drei oder vier. Auch mit den Füßen kann man Tasten drücken. Die sind viel größer als die Tasten für die Hände, weil sie mit dem ganzen Fuß und nicht mit den Zehen gedrückt werden. Über den Tasten für die Hände sind viele Knöpfe angebracht. Mit ihnen kann man bestimmen, welche Pfeifen klingen sollen.

Rund um die Kirche

Darf man in der Kirche Fangen spielen?

Eine Sporthalle ist ein Haus, das zum Rennen und Turnen und Spielen gebaut wurde. Es gibt Tore, Klettergerüste, vielleicht auch ein Trampolin. Eine Schule ist ein Haus, das für den Unterricht gebaut wurde. Hier gibt es alles, was man zum Lernen braucht: Tische und Stühle, eine Tafel, Landkarten, Computer, Mikroskope. Eine Kirche ist ein Haus, das für den Gottesdienst gebaut wurde. Auch wenn gerade kein Gottesdienst stattfindet, ist es ein besonderes Haus. Hierher kommen Menschen, um still zu werden, um zu beten oder um eine Kerze anzuzünden. Still werden geht am besten, wenn auch der Körper still ist. Fangen spielen geht deshalb in der Kirche nicht.

Aber man kann in der Kirche herumgehen und sich alles genau anschauen. Oft gibt es Bilder oder Statuen und an den Wänden hängt eine Bildergeschichte, die den Weg Jesu bis zu seinem Tod zeigt. Man nennt diese Bilder „Kreuzweg". Oder schau dir die Fenster an: Sie sind ganz bunt und wunderschön. Sie zeigen Geschichten aus der Bibel oder Bilder von Heiligen oder Muster aus buntem Glas.

Manche Kirchen haben an den Säulen oder an der Außenmauer wunderschöne Verzierungen aus Stein: Engel und Menschen, Pflanzen und Tiere, Drachen, Teufel und Ungeheuer.

Vielleicht findest du in der Kirche auch Fotos von der letzten Erstkommunion oder von den Babys, die getauft wurden oder Namen von den Menschen, die gestorben sind. Manchmal gibt es Hinweisschilder, die zeigen, wohin sich die Leute setzen sollen, die ein Hörgerät tragen. Und es gibt Schränke mit Postkarten und Liederbücher für Kinder und Erwachsene. Wenn du genau in die Ecken schaust, findest du oft auch unbenutzte Blumentöpfe oder Gießkannen oder abgebrannte Kerzen oder Mehrfachstecker für die Mikrofone. Eine Kirche ist zwar ein besonderer Raum, aber auch hier braucht man so alltägliche Dinge wie z. B. Blumentöpfe.

Heiliger Georg

Rund um die Kirche

Wofür sind die Kammern an den Wänden?

Die Kammern nennt man Beichtstühle. In der Mitte ist ein Stuhl, rechts und links sind Kniebänke. Wenn man etwas bereut, was man getan hat, und Gott um Verzeihung bitten möchte, kann man hierher kommen. Auf einem Schild neben dem Beichtstuhl steht, wann der Pfarrer Zeit dafür hat. Dann kniet man sich an eine Seite und der Pfarrer sitzt auf dem Stuhl. Er spricht und betet mit dem, der gekommen ist. Dann sagt er ihm im Namen Gottes, dass seine Schuld vergeben ist:

„Gott, der barmherzige Vater, hat durch den Tod und die Auferstehung seines Sohnes die Welt mit sich versöhnt und den Heiligen Geist gesandt zur Vergebung der Sünden. Durch den Dienst der Kirche schenkt er dir Verzeihung und Frieden. So spreche ich dich los von deinen Sünden im Namen des Vaters, des Sohnes und des Heiligen Geistes. Amen."

Damit nicht jeder mithören kann, was im Beichtstuhl gesprochen wird, und damit auch nicht jeder sieht, wer zum Beichten gekommen ist, hängt ein Vorhang vor dem Beichtstuhl. Wer diese Kammern nicht mag, kann mit dem Priester auch in ein Zimmer gehen und dort über alles sprechen.

> Wusstest du schon, dass die Christen lange Zeit gar nicht einzeln gebeichtet haben? Das Bekenntnis war öffentlich und führte zum Ausschluss aus der Gemeinde, der mehrere Jahre dauern konnte. In einem Gottesdienst wurde man dann wieder aufgenommen. Im 7./8. Jahrhundert änderte sich das: Die Einzelbeichte entstand.

Beichtstuhl

Rund um die Kirche

Warum riecht es hier so komisch?

Es ist nicht nur die Höhe des Raumes, nicht nur das bunte Licht in einer Kirche, was anders ist als in einem Wohnhaus. In einer Kirche riecht es oft auch anders. Das liegt daran, dass eine Kirche meist ein recht altes Gebäude ist und fast immer Wände aus Stein hat. Ein Steinraum riecht anders als ein Zimmer mit Teppich und Tapeten. Vielleicht habt ihr zu Hause einen Keller aus Stein oder du warst schon einmal in einer Burg. Dort riecht es auch anders. Außerdem stehen in einer Kirche viele Kerzen. Es riecht deshalb ein bisschen nach Wachs.

In manchen Gottesdiensten wird Weihrauch verwendet. Das ist ein kostbares Harz, das aus der Rinde des Weihrauchbaumes, eines unscheinbaren Strauches mit sehr kleinen Blättern, gewonnen wird. Das Harz wird auf einer glühenden Kohle verbrannt und duftet wunderbar. Der Weihrauch ist ein Zeichen für das Gebet. Es gibt ein Lied in der Bibel, in dem steht: „Gott, wie Weihrauch soll mein Gebet zu dir aufsteigen." (Ps 141,2) Weihrauch ist auch ein Zeichen der Verehrung. Die Messdiener tragen Weihrauch in einem Gefäß, das an einer Kette hängt, damit man es gut schwenken kann und der Duft sich gut verbreitet. Manche Menschen vertragen allerdings diesen Geruch nicht so gut und ihnen wird schwindelig davon.

Wusstest du schon, dass eines der drei Geschenke, die die Heiligen Drei Könige mit zur Krippe gebracht haben, Weihrauch war?

Rund um die Kirche

Wo kann ich eine Kerze anzünden?

In einer Kirche stehen viele Kerzen: auf dem Altar, am Tabernakel und im Advent auf dem Adventskranz. Eine besondere Kerze ist die Osterkerze. Sie wird im Gottesdienst in der Nacht vor dem Ostersonntag gesegnet. Auf ihr steht die Jahreszahl, außerdem zwei griechische Buchstaben: Alpha und Omega. Im deutschen Alphabet würde man A und Z sagen, Anfang und Ende. Die Osterkerze ist ein Zeichen dafür, dass für die Christen alles mit Jesus Christus beginnt und in ihm zur Vollendung kommt. Die Osterkerze steht in der Nähe des Altars oder des Taufbrunnens.

Fast immer gibt es in einer Kirche auch einen Ständer mit Halterungen für ganz viele kleinere Kerzen oder für Teelichter. So einen Ständer findest du vor einer Abbildung von Jesus oder von seiner Mutter Maria.

Dort kann man eine Kerze kaufen und anzünden. Die Kerze ist wie der Weihrauch eine Art sichtbares Gebet. Wenn du betest, entsteht eine Beziehung zwischen Gott und dir und demjenigen, für den du betest. Du kannst z. B. eine Kerze für deine Oma oder für einen Freund anzünden, der in Schwierigkeiten steckt.

Oder du möchtest Gott um etwas bitten. Deine Bitte wird in der Kerze sichtbar. Sie brennt auch noch, wenn du schon wieder zu Hause bist.

Rund um die Kirche

Was ist ein Rosenkranz?

Der Rosenkranz ist ein Gebet, mit dem man versucht, Jesus, seine Botschaft und sein Handeln immer besser zu verstehen. Dazu greift man besondere Ereignisse aus Jesu Leben heraus, die man gewissermaßen mit den Augen seiner Mutter Maria anschaut. Das Gebet ist eine Art Meditation. Kurze Sätze werden je zehn Mal wiederholt, so dass sie sich in Kopf und Herz einprägen. Diese Zehnerpakete heißen „Gesätze". Das Wort kommt von „Satz", deshalb schreibt man es mit „ä". Mit Gesetzen hat der Rosenkranz nichts zu tun. Jeder Satz eines Gesätzes beginnt mit dem Gruß, den der Engel Gabriel gesagt hat, als er Maria die Botschaft gebracht hat, dass sie die Mutter von Jesus sein würde. „Ave Maria" – „Gegrüßt seist du, Maria, voll der Gnade, der Herr ist mit dir, du bist gebenedeit (das bedeutet: gesegnet) unter den Frauen, und gebenedeit ist die Frucht deines Leibes (das bedeutet: dein Sohn), Jesus, den du in Betlehem geboren hast." Oder: „Jesus, der uns das Reich Gottes verkündet hat." Oder: „Jesus, der für uns das schwere Kreuz getragen hat." Immer zehn von diesen kurzen Glaubenssätzen werden durch ein Vaterunser eingerahmt. Das Rosenkranzgebet gibt es seit etwa 1 000 Jahren.

Für den Rosenkranz gibt es einen Spickzettel! Damit man sich nicht verzählt, gibt es eine Perlenkette, die wie das ganze Gebet „Rosenkranz" heißt. Für jedes „Ave Maria" steht eine kleine Perle, für jedes „Vaterunser" eine große. Unten an der Kette hängt ein Kreuz, das für das Glaubensbekenntnis steht.

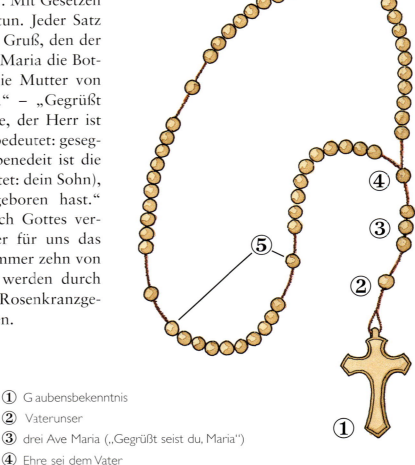

① Glaubensbekenntnis
② Vaterunser
③ drei Ave Maria („Gegrüßt seist du, Maria")
④ Ehre sei dem Vater
⑤ fünf Gesätze mit je einem Vaterunser, zehn Ave Maria und einem Ehre sei dem Vater

Wie viele Kirchen gibt es?

Wie viele Kirchengebäude es auf der Welt gibt, weiß wohl niemand. In fast jedem Dorf steht eine Kirche. In der Stadt Köln gibt es über 150 katholische und ungefähr 90 evangelische Kirchen. Die größte Kirche der Welt ist der Petersdom in Rom. Er ist ungefähr 140 Meter hoch und 200 Meter lang. Das ist so lang wie 8 Schwimmbäder hintereinander.

Wenn man nicht die Gebäude zählt, sondern die andere Bedeutung von Kirche nimmt, nämlich die Menschen, die an Jesus glauben und zusammen Gottesdienst feiern, gibt es eigentlich nur eine einzige Kirche: die Kirche Jesu Christi. Leider haben die Christen nicht zusammengehalten. Seit ungefähr 1000 Jahren gehen Ostkirche und Westkirche getrennte Wege. Dadurch entstanden zwei verschiedene christliche Konfessionen: im Osten die orthodoxe Kirche und im Westen die katholische Kirche. Vor etwa 500 Jahren kam es in der Westkirche zum Streit. Vieles war festgefahren und ganz verschiedene Meinungen trafen aufeinander.

Wusstest du schon, dass das Wort „Kirche" vom griechischen Wort „kyriaké" kommt? Das bedeutet sinngemäß: „zu Gott gehörig". Sowohl das Haus als auch die Menschen sind Kirche, weil sie zu Gott gehören.

Die Kirche brauchte eine innere Reform. Man musste klären, was wirklich wichtig ist. Man musste Gewohnheiten, die nicht richtig waren, überdenken und neue Wege suchen. Einige haben das innerhalb der Kirche getan. Andere protestierten. Es kam zur erneuten Kirchenspaltung. Seitdem gibt es eine weitere christliche Konfession: das evangelische Christentum.

Die Spaltungen hatten viele verschiedene Gründe. Natürlich spielten Macht und Politik auch eine Rolle. Aber es ging um mehr: Man konnte sich über bestimmte Fragen des Glaubens nicht mehr einigen. Diese Fragen waren aber für die einzelnen Gruppen so wichtig, dass sie keinen Kompromiss finden konnten. Die eine Gruppe konnte in einer wichtigen Frage die Meinung der anderen Gruppe einfach nicht akzeptieren.

Petersdom

Rund um die Kirche

Was bedeutet katholisch und evangelisch und orthodox?

„Katholisch" kommt aus der griechischen Sprache und bedeutet: „überall, umfassend, über die ganze Erde verbreitet". „Evangelisch" bedeutet: „am Evangelium ausgerichtet". Außer den evangelischen und den katholischen Christen gibt es noch orthodoxe Christen, vor allem in Russland, in Griechenland oder Rumänien. „Orthodox" kommt auch aus der griechischen Sprache und bedeutet: „richtig in der Lehre, richtig in der Art, Gott zu verehren". Gemeint ist vor allem: „rechter Gottesdienst". In Deutschland gibt es ungefähr 26 Millionen katholische und ungefähr genauso viele evangelische Christen. Zusammen bilden sie zwei Drittel der deutschen Bevölkerung. Außerdem gibt es bei uns mehr als eine Million orthodoxe Christen.

Wenn man nur nach der Bedeutung dieser Wörter geht, sollten eigentlich alle katholisch, evangelisch und orthodox sein: Alle Christen sollten überall das Rechte glauben, überall die Liturgie richtig feiern und sich in allem am Evangelium orientieren. Seit der Trennung der Christen sind die Wörter katholisch, evangelisch und orthodox aber nicht nur Wörter für diese Eigenschaften, sondern auch für Gruppen: Sie bezeichnen die christlichen Konfessionen.

Bis alle Christen wieder zusammen Eucharistie feiern können, ist es noch ein weiter Weg. Die Bischöfe und die Wissenschaftler und die Gemeinden versuchen schon seit vielen Jahren zu verstehen, wo genau die Unterschiede zwischen den Konfessionen liegen. Sie beraten miteinander, wie man wieder zusammenfindet. Das ist zwar kompliziert, aber ungeheuer wichtig. Denn so viel ist sicher: Jesus möchte keine Spaltung. Er ist derjenige, der die Menschen verbindet.

orthodox — katholisch

Rund um die Kirche

Worin unterscheiden sich die Christen?

Für die evangelischen Christen ist besonders wichtig, dass alles Gute nur von Gott kommt und dass Gott sich nicht bestechen lässt, indem man z. B. zu Gott sagt: „Ich habe meiner Freundin bei den Hausaufgaben geholfen, also habe ich doch verdient, dass du mich liebhast." Liebe und Vertrauen kann man sich nicht verdienen, die kann man nur geschenkt bekommen. Sie meinen außerdem, dass man keine Unterschiede machen soll zwischen Gemeindemitgliedern, Pfarrern und Bischöfen.

Auch die katholischen Christen wissen, dass man Gott nicht bestechen kann, denn Gott schenkt uns seine Liebe ganz umsonst. Für die Katholiken ist besonders wichtig, dass Jesus die Kirche in der Geschichte begleitet. Sie glauben, dass die Kirche eine besondere Gemeinschaft ist, die wichtig dafür ist, dass die Menschen Gott nahekommen. Die Christen sollen Jesu Botschaft verkünden, die Sakramente feiern und durch die Bischöfe und den Papst weltweit miteinander Gemeinschaft haben. Für die katholischen Christen ist diese Kirche eine Art Werkzeug, durch das Gott die Menschen begleitet, damit ihr Leben gut wird. Die evangelischen Christen befürchten, dass sich die katholische Kirche dadurch zu wichtig nimmt. Die katholischen Christen müssen diese Gefahr genau beachten und immer daran denken, dass sie eine besondere Verantwortung haben, dass die Menschen verstehen, dass Gott sie liebt.

Die orthodoxen Christen denken in vielen Punkten ähnlich wie die katholischen. Für sie ist der Gottesdienst das Wichtigste. Denn hier kommt man Gott ganz nah. Der orthodoxe Gottesdienst heißt: „göttliche Liturgie". Er ist sehr feierlich und hat sich in der Geschichte nicht so stark verändert wie der evangelische und katholische Gottesdienst. Die orthodoxen Christen bilden verschiedene Kirchen-Familien: die Patriarchate. An der Spitze eines Patriarchats steht einer der Bischöfe. Er ist Patriarch. Den Ehrenvorsitz der Patriarchen hat der Patriarch von Konstantinopel (Istanbul). Er heißt: „Bartholomäus der Erste".

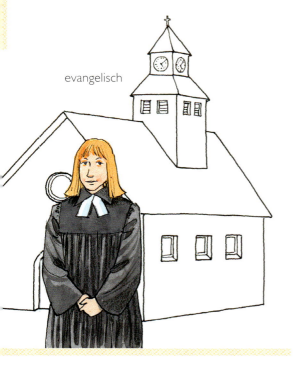

evangelisch

Wusstest du schon, dass der jetzige Papst, Benedikt XVI., aus Deutschland stammt? Er ist in Bayern zur Welt gekommen. Getauft wurde er auf den Namen Joseph. Benedikt hat er sich genannt, weil er mit seinem Namen an den heiligen Benedikt von Nursia und an Papst Benedikt den XV., der sich besonders für den Frieden eingesetzt hat, erinnern wollte.

Woran kann man erkennen, ob eine Kirche katholisch oder evangelisch ist?

Es gibt ein paar Zeichen, woran man die Kirchen unterscheiden kann. Allerdings sind nicht alle ganz eindeutig.

Die meisten evangelischen Kirchen haben keine Kammern zum Beichten und keine Kniebänke. Es hängen selten Bilder oder Statuen von Heiligen an den Wänden, damit die Menschen immer daran denken, dass nur Gott angebetet werden darf, keine Menschen. Oft gibt es nicht nur einen Ambo, sondern auch eine Kanzel. Das ist ein besonderer Ort, von dem aus vorgelesen und gepredigt wird. Manchmal hängt eine Kanzel wie ein großes Nest an einer Säule. Als es noch keine Mikrofone gab, konnten die Menschen den Prediger von dort oben gut verstehen. Die Sitzbänke haben übrigens die evangelischen Christen erfunden. Vor der Spaltung in katholische und evangelische Christen haben die Leute auf dem Boden gestanden. Nur die Priester hatten Stühle.

Ein eindeutiges Kennzeichen für eine katholische Kirche ist der Tabernakel mit der roten Lampe, dem ewigen Licht. Im katholischen Gottesdienst gibt es mehr Zeichen und mehr Bewegungen als im evangelischen. Hier gibt es Weihwasser, Weihrauch, das Kreuzzeichen, die Kniebeuge. Die Menschen im evangelischen Gottesdienst stehen oder sitzen, im katholischen knien sie auch manchmal.

Der katholische Pfarrer trägt ein buntes Gewand. Im evangelischen Gottesdienst hat der Pfarrer ein schwarzes Gewand an oder ein weißes Gewand mit einer Stola.

Im katholischen Gottesdienst gibt es Messdiener. Sie sorgen dafür, dass der Gottesdienst reibungslos und feierlich abläuft: Sie halten das Buch, aus dem der Priester betet. Sie bringen Brot und Wein zum Altar. Sie bringen Kerzen und schwenken den Weihrauch an den wichtigsten Stellen im Gottesdienst.

Rund um die Kirche

Welche Berufe gibt es in der Kirche?

Die Kirche ist eine große Gemeinschaft. Jede Gemeinschaft braucht Menschen, die für etwas verantwortlich sind. In der Kirche gibt es Menschen, die dafür verantwortlich sind, dass der Gottesdienst gut abläuft: der Priester, der Diakon, die Messdiener, der Küster, die Pastoralreferentin und viele Gemeindemitglieder.

nion vorbereiten, Menschen, die alte und kranke Menschen aus der Gemeinde besuchen: der Pastoralreferent, ältere Jugendliche und Erwachsene, der Priester, die Gemeindeschwester.

Einige Menschen haben sich entschlossen, in einem Kloster zu leben. Die Frauen nennt man Nonnen oder Schwestern, die Männer Mönche

Priester Messdienerin Organist Diakon Küster Krankenschwester Pastoralreferentin Jugendgruppenleiter Zivi Franziskanermönch Dominikanerin Bibliothekarin

Der Priester hat einige besondere Aufgaben. Er spendet die Sakramente. Er leitet die Eucharistiefeier. Er spendet die Krankensalbung und ist da, wenn jemand beichten möchte.

Dann gibt es Menschen, die in Häusern und Organisationen arbeiten, die von der Kirche verwaltet werden: im Kindergarten, in der Bücherei, im Altenheim, bei der Caritas, im Eine-Welt-Laden, im Pfarrbüro, in der Verwaltung des Bischofs. Es gibt Menschen, die die Jugendgruppen in der Gemeinde betreuen, Menschen, die die Kinder auf die Erstkommu-

oder Brüder. Im Kloster beten und arbeiten sie. Sie beten für die Menschen in der Welt. Sie helfen, dass die Welt den Kontakt zu Gott nicht verliert.

Rund um die Kirche

Wie wird man Messdiener?

Wenn du zur Erstkommunion gegangen bist, kannst du Messdiener oder Messdienerin werden. In manchen Gegenden sagt man: Ministrant und Ministrantin. Diese Bezeichnung ist vom lateinischen „ministrare", was „dienen" heißt, abgeleitet.

Normalerweise bekommst du nach der Erstkommunion einen Brief oder der Kaplan oder Pastoralreferent fragt dich persönlich, ob du in die Messdienergruppe kommen möchtest. Dort wird gespielt und gebastelt. Man kann neue Freunde finden. Vor allem aber üben Jungen und Mädchen das, was die Ministranten im Gottesdienst tun: Sie halten das Buch, wenn der Priester feierlich ein Gebet spricht. Sie bringen Brot und Wein zum Altar und sie tragen Kerzen. Sie schwenken Weihrauch und läuten zur Wandlung mit kleinen Glocken. Sie haben viel zu tun im Gottesdienst, weshalb sie den Ablauf sehr genau kennen müssen. Außerdem haben die Messdiener die besten Plätze: Sie sehen genau, was am Altar passiert. Sie sind sehr wichtig, denn sie sorgen dafür, dass der Gottesdienst festlich abläuft. Neue Messdiener werden in einem besonderen Gottesdienst aufgenommen. Danach können sie auf einem Plan in der Sakristei lesen, wann sie zum Dienst eingeteilt sind.

Obergewand:
weißes Rochett

Untergewand:
roter oder schwarzer Talar

Statt Talar und Rochett kann auch eine weiße Albe getragen werden.

Rund um die Kirche

Wofür ist der Papst zuständig?

Der Papst macht eigentlich das, was ein normaler Bischof auch macht: Er sorgt für die katholische Kirche und ist dafür verantwortlich, dass sie dem Willen Jesu treu bleibt. Er ist der Bischof von Rom, der Bischof, ohne den es nicht geht. Er muss die vielen verschiedenen Bischöfe und die vielen verschiedenen Menschen in der katholischen Kirche der ganzen Welt zusammenhalten. Er muss sich informieren, was die Christen in den Bistümern der Welt denken und ob es irgendwo besondere Probleme gibt. Er liest viele Bücher. Er besucht regelmäßig die Katholiken in den verschiedenen Ländern und lädt die Bischöfe zu sich ein. Er schreibt lange Briefe an die ganze Kirche und an einzelne Bistümer. Er feiert Gottesdienste und betet für die Kirche.

Der Papst wohnt im Vatikan. Das ist ein ganz kleiner Staat in der Hauptstadt von Italien, in Rom. Deshalb hat der Papst auch zwei Staatsbürgerschaften: die des Vatikans und die seines Heimatlandes. An Weihnachten und Ostern gibt der Papst der Stadt Rom und der ganzen Welt einen besonderen Segen. Dieser Segen heißt: „urbi et orbi". Das bedeutet: „für die Stadt und für die ganze Welt".

Wusstest du schon, dass es sogar einen eigenen Vatikan-Euro gibt? Darauf ist der Papst abgebildet. Trotzdem bekommt der Papst für seine Arbeit kein Geld. Alles, was der Papst an Alltäglichem braucht, zum Beispiel Zahnpasta oder neue Socken, wird ihm von seinen Sekretären besorgt.

Rund um die Kirche

Wie schnell fährt das Papamobil?

Das Papamobil ist das Auto, mit dem der Papst fährt, wenn er die Menschen besucht. Es heißt Papamobil, weil die Italiener den Papst „Papa" nennen. Meistens ist es ein umgebauter Geländewagen mit einem hohen Stuhl und Fenstern aus Panzerglas.

Dadurch kann man den Papst gut sehen und er ist zugleich vor Angriffen geschützt. Das Papamobil hat als Kennzeichen: SCV 1. SCV ist die Abkürzung für „Stato della Città del Vaticano", das ist die italienische Bezeichnung für den Vatikanstaat. Kaufen muss der Papst keines seiner Autos. Er bekommt sie geschenkt von den Firmen, die Autos herstellen.

Der jetzige Papst Benedikt XVI. kommt aus Bayern. Deshalb fährt er einen BMW. Er nennt das Papamobil: „mein Papa-Auto". Auf dem Weltjugendtag in Köln 2005 ist er in einem Mercedes ML 430 gefahren, der 4 Tonnen wiegt. Dieses Papamobil hat 8 Zylinder, 279 PS und kann 80 km pro Stunde fahren.

Rund um die Kirche

Wie wird man Papst?

Wenn ein Papst gestorben ist, treffen sich die Kardinäle. Das sind Menschen, die der Papst zum Kardinal ernannt hat, weil er ihnen besonders vertraut. Sie wählen einen neuen Papst, wenn der alte Papst gestorben ist. Damit übernehmen sie eine große Verantwortung. Niemand soll die Kardinäle bestechen können oder die Wahl beeinflussen, deshalb findet sie im Geheimen statt: in einer wunderschönen Kapelle im Vatikan, der Sixtinischen Kapelle. Hier werden die Kardinäle eingeschlossen. Erst wenn sie sich auf einen neuen Papst geeinigt haben, werden sie wieder aus der Kapelle herausgelassen.

Sie dürfen mit niemand anderem sprechen und auch nach der Wahl niemandem von den Gesprächen in der Kapelle erzählen.

Jeden Abend geben sie ein Zeichen, damit die Menschen erfahren, ob es einen neuen Papst gibt oder nicht. Wenn sie sich noch nicht auf einen neuen Papst einigen konnten, kommt schwarzer Rauch aus einem Schornstein. Wenn es einen neuen Papst gibt, ist der Rauch weiß. Dann jubeln die Menschen, die diesen Rauch beobachten, und sagen: „Habemus papam." Das ist Latein und bedeutet: „Wir haben (wieder) einen Papst." Der neue Papst tritt dann auf den Balkon des Vatikanischen Palastes. Dort kann man ihn vom Platz aus gut sehen. Er stellt sich den Menschen vor und gibt sich einen Papstnamen.

Wusstest du schon, dass der neu gewählte Papst zunächst gefragt wird, ob er die Wahl zum Papst annimmt? Theoretisch könnte er auch sagen: „Ich möchte das nicht tun." Dann muss neu gewählt werden. Dass einer die Wahl nicht angenommen hat, bleibt dann auch geheim. Hat er der Wahl zugestimmt, darf er sich einen neuen Namen geben.

Rund um die Kirche

Was ist ein Konzil?

Ein Konzil ist eine Konferenz, zu der sich alle Bischöfe der Welt treffen. Sie beraten zusammen über wichtige Fragen und Probleme und treffen Entscheidungen, wie es mit der Kirche weitergehen soll.

Ein Konzil gibt es nicht oft. Es ist ein besonderes Ereignis für die Kirche und dauert meistens mehrere Jahre. Das letzte Konzil war das Zweite Vatikanische Konzil. Es fand von 1962 bis 1965 im Vatikan in Rom statt.

Die einzelnen Bischöfe vertreten auf dieser Konferenz ihr Bistum. Jeder Christ gehört zu einem Bistum. Wenn also ein Konzil stattfindet und alle katholischen Bischöfe der Welt da sind, sind alle Katholiken der Welt durch ihren Bischof vertreten. Der Papst steht an der Spitze dieser Konferenz. Eine Entscheidung der Bischöfe gilt nur dann, wenn der Bischof von Rom, also der Papst, auch zustimmt.

Was ist ein Bistum?

Ein Bistum ist ein Gebiet aus vielen verschiedenen Gemeinden. Es gibt in Deutschland 27 katholische Bistümer. Das Bistum mit den meisten Katholiken in Deutschland ist das Erzbistum Köln. Das kleinste Bistum ist das Bistum Görlitz.

Rund um die Kirche

Darf der Bischof auch normale Sachen tragen?

Einen Bischof kann man im Gottesdienst immer an seiner Kleidung erkennen. Er trägt eine hohe Mütze, die man „Mitra" nennt. Er hält einen Hirtenstab in der Hand. Am Finger trägt er einen Bischofsring.

Wenn kein Gottesdienst ist, trägt er oft ein langes schwarzes Gewand mit einem breiten Gürtel, der rot oder violett ist. Auf dem Kopf hat er dann in der gleichen Farbe ein kleines Käppchen.

Der Bischof darf aber auch normale Sachen tragen, z. B. einen Anzug. Nur sollte er als Bischof erkennbar sein, z. B. durch seinen Bischofsring. Auch viele Priester und Diakone kann man an der Kleidung erkennen: Sie tragen oft ein kleines Kreuz an der Jacke oder einen weißen Kragen auf einem schwarzen Hemd.

Ein Bischof ist ein Priester, der zum Bischof geweiht wurde. Er ist für sein Bistum verantwortlich. Der Bischof muss dafür sorgen, dass die vielen Menschen und Gemeinden in seinem Bistum trotz aller Unterschiede eine Kirche bilden. Er ist wie ein Hirte, der eine große Schafherde zusammenhalten muss. Die Priester in seinem Bistum helfen ihm dabei. Durch ihren Bischof sind die vielen katholischen Christen mit allen Katholiken auf der Welt verbunden. Das ist sehr wichtig. Wir brauchen die Gemeinschaft mit dem Bischof und mit allen anderen Bischöfen. Durch sie bilden wir mit allen Katholiken auf der Welt eine große Kirche. Im Gottesdienst beten wir für den Papst und die Bischöfe und dafür, dass wir zusammenhalten, damit wir wirklich eine Kirche sind und nicht in verschiedene Gruppen auseinanderfallen.

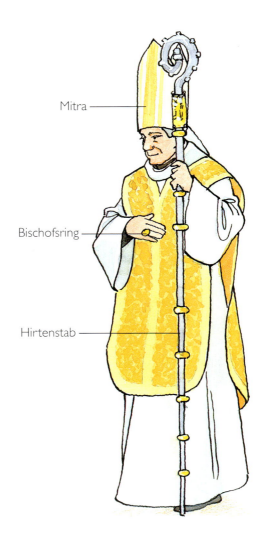

Mitra

Bischofsring

Hirtenstab

Rund um die Kirche

Wo zieht sich der Pfarrer zum Gottesdienst um?

In der Nähe des Altars gibt es eine Tür. Sie führt in die Sakristei. Das ist ein Raum, in dem alle Bücher, Kerzen und Gewänder für den Priester, den Diakon und die Messdiener bereitliegen.

Hier können sie sich in Ruhe umziehen und sich auf den Gottesdienst vorbereiten. Der Küster oder Messner sorgt dafür, dass alles bereitliegt. In der Sakristei werden die Hostien und der Wein aufbewahrt, außerdem die verschiedenen Dinge, die man bei einer Taufe oder Hochzeit oder Beerdigung braucht. In der Sakristei gibt es meistens auch einen Tresor, in dem kostbare Gegenstände stehen, die nicht gestohlen werden sollen: der Kelch und die Schale für den Gottesdienst. Außerdem gibt es viele Schalter, um die Lampen und Mikrofone in der Kirche an- und auszuschalten und um die Glocken zu läuten. An der Wand hängt der Plan, auf dem die Messdiener lesen können, wann sie eingeteilt sind. Und es gibt ein Waschbecken und eine Toilette. Meistens hat die Sakristei einen eigenen Eingang. Die Messdiener können also nach der Messe direkt zu ihren Fahrrädern gehen und müssen nicht mehr durch die Kirche gehen.

Schultertuch, trägt der Priester unter dem Messgewand

Albe

Diakonen-Stola

Ministrantenkleidung

Priester-Stola

Messgewand, „Kasel" genannt, trägt der Priester

Rund um den Gottesdienst

Rund um den Gottesdienst
Was ist ein Sakrament?

Ein Sakrament ist ein besonderer Gottesdienst. Hier berührt Jesus die Christen auf eine ganz besondere Weise. Gottesdienst nennt man also nicht nur die Messfeiern, sondern auch alle Handlungen, durch die sich die Christen zu Gott wenden. Die Christen, die ein Sakrament feiern, zeigen: „Wir gehören zur Kirche Jesu. Wir wollen in seiner Kirche mit ihm leben und von ihm erzählen."

Ein Gottesdienst, in dem ein Sakrament gefeiert wird, hat bestimmte Gebete und Lieder, und immer gibt es besondere Zeichen: z.B. das Wasser, das dem Kind bei der Taufe über den Kopf gegossen wird, die Ringe, die sich Braut und Bräutigam bei der Hochzeit anstekken, Brot und Wein, die in der Messe gegessen und getrunken werden. Und es gibt bestimmte Gebete. In diesen Gebeten bittet die Gemeinde darum, dass das, was diese Zeichen ausdrükken, auch tatsächlich geschieht: dass Brot und Wein nicht nur ein Zeichen für Jesus sind, sondern dass er tatsächlich da ist.

Der Priester spricht in einem Sakrament nicht nur eine Bitte, sondern er sagt, dass tatsächlich geschieht, worum die Gemeinde bittet. Er tut das im Namen Jesu. Dazu hat er bei der Weihe eine besondere Vollmacht bekommen. Bei der Taufe sagt er deshalb nicht nur: „Ich bitte darum, dass dieses Kind getauft wird", sondern er sagt: „Ich taufe dich." In der Hochzeitsmesse ist das ganz ähnlich: Der Mann sagt nicht nur zu seiner Verlobten: „Ich möchte, dass wir immer zusammenbleiben", sondern er sagt: „Ich nehme dich an als meine Frau." Und der Priester sagt: „Im Namen Gottes und seiner Kirche bestätige ich diesen Ehebund." Durch ein Sakrament wird etwas endgültig. Man kann das, was gefeiert wird, nicht mehr zurücknehmen.

Taufbecken

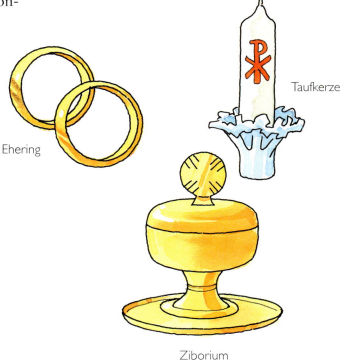

Ehering

Taufkerze

Ziborium

Rund um den Gottesdienst

Wie viele Sakramente gibt es?

In der katholischen Kirche gibt es sieben Sakramente: Taufe, Firmung und Eucharistie, Ehe und Weihe, Buße und Krankensalbung. Manche davon kann man mehrmals bekommen, andere nur einmal.

Eucharistie wird jeden Sonntag und an vielen Werktagen gefeiert. Das Bußsakrament und die Krankensalbung kann man auch mehrmals bekommen. Taufe und Firmung gibt es nur einmal. Denn man kann ja nicht zweimal Christ werden, genauso wie man nur einmal 10 Jahre alt wird und nur einmal in die Schule kommt.

Die Sakramente der Weihe und Ehe kann man eigentlich auch nur einmal bekommen und dann auch nur eins von ihnen. Nur wenn der Ehepartner gestorben ist, kann man noch einmal heiraten und das Sakrament der Ehe ein zweites Mal feiern. Wer geheiratet hat, kann nicht mehr Priester werden, und wer Priester geworden ist, kann nicht mehr heiraten. Man muss sich entscheiden: entweder für die Ehe oder für das Priesteramt.

Es gibt in der katholischen Kirche also insgesamt sieben Sakramente, aber normalerweise kann ein Christ davon nur sechs bekommen.

Stola

Gebetbuch

Kelch

Rund um den Gottesdienst

Was passiert bei der Taufe?

Mit der Taufe tritt ein Mensch in die Gemeinschaft der Christen ein. Die Taufe ist ein Sakrament. Das heißt, dass Gott am Menschen wirkt. Er nimmt ihn als Kind an.

Im Taufgottesdienst passiert Folgendes: Der Priester oder der Diakon gießt geweihtes Wasser über den Kopf des Täuflings. Meistens werden Kinder getauft. Dann wird das Kind von seinen Eltern oder Paten über den Taufbrunnen gehalten. Dabei nennt der Priester das Kind bei seinem Namen und sagt: „Ich taufe dich im Namen des Vaters und des Sohnes und des Heiligen Geistes." Damit drückt er aus, dass Gott selbst das Kind bei seinem Namen ruft und seinen Weg begleiten will. Gott nennt dich immer beim Namen, für ihn bist du etwas ganz Besonderes.

Danach zeichnet der Priester dem Kind mit einer Salbe ein Kreuz auf die Stirn. Diese Salbe nennt man Chrisam. Chrisam klingt ganz ähnlich wie Christus. Christus heißt Gesalbter. Wer getauft wird, gehört zu Christus und ist wie er gesalbt. Dann wird dem Kind das weiße Taufkleid angezogen als Zeichen dafür, dass mit der Taufe ein neues Leben mit Christus begonnen hat. An der Osterkerze zündet der Vater oder Pate des Kindes die Taufkerze an. Denn wer getauft ist, ist ein Kind des Lichtes. Der Priester oder Diakon berührt nun noch die Ohren und den Mund des Kindes und betet, dass es bald Jesu Wort hören und von ihm erzählen kann.

Die Eltern oder Paten halten das Kind, während es getauft wird. Sie geben ihm ein Kreuzzeichen auf die Stirn und sie zünden die Taufkerze an der Osterkerze an.

Im Taufgottesdienst fragt der Priester die Eltern und Paten des Taufkindes, ob sie an Jesus Christus glauben. Sie sprechen zusammen das Glaubensbekenntnis. Sie geben ihr Wort, das Kind im Glauben zu erziehen, zusammen zu beten, in den Gottesdienst zu gehen und ihm alles zu erklären, was es über Jesus wissen muss. Wenn ein Erwachsener getauft wird, hat er vorher alles Wichtige über das Christsein gelernt und kann selbst das Glaubensbekenntnis sprechen. Ein Baby kann das natürlich erst, wenn es etwas größer geworden ist.

Wusstest du schon, dass deine Paten bei deiner Taufe ein Versprechen abgegeben haben? Sie haben versprochen, für dich und deine Eltern da zu sein. Sie sind selbst Christen und können dir deshalb manche Frage beantworten, die du zu Jesus oder zur Kirche hast. Viele Paten schenken ihren Patenkindern etwas zum Namenstag. Dein Namenstag ist der Tag, an dem wir an einen Heiligen denken, der genau den gleichen Vornamen hat wie du. In deinem Gebetbuch ist ein Kalender, in dem du nachschauen kannst, wann dieser Tag ist.

Rund um den Gottesdienst

Wann kann ich gefirmt werden?

Wann die Firmung gefeiert wird, ist ganz unterschiedlich. In Deutschland geschieht das meistens, wenn du schon in der 10. Klasse bist oder noch später. Manche Wissenschaftler meinen, dass die Firmung der Übergang ist vom Kind zum Erwachsenen. Andere sagen, dass die Firmung nichts mit dem Alter zu tun hat. Denn sie gehört eigentlich ganz dicht an die Taufe heran. So war es schon am Beginn der Kirche. Die orthodoxen Christen feiern die Firmung und die Erstkommunion deshalb schon bei der Taufe eines kleinen Kindes.

Firmung heißt auf Deutsch: „Stärkung". In der Feier der Firmung wird das, was in der Taufe begonnen hat, gestärkt. Die Firmung wird auch das „Sakrament des Heiligen Geistes" genannt. Der Heilige Geist macht die Menschen stark und führt sie zu Gott. Er hilft, dass sie auch in schwierigen Zeiten Mut fassen und auf Gott vertrauen.

Wenn in einer Gemeinde die Firmung gefeiert wird, kommt der Bischof. Er ist für die Christen in seinem Bistum verantwortlich. Er legt denen, die die Firmung empfangen möchten, die Hände auf den Kopf und sagt: „Sei besiegelt durch die Gabe Gottes, den Heiligen Geist." Er salbt die Stirn des Firmlings mit Chrisam. Vorher hat er ihn wie bei der Taufe mit seinem Namen angesprochen.

Wusstest du schon, dass Chrisam Olivenöl ist, dem Balsam beigemischt wird, damit es gut riecht? Am Gründonnerstag wird dieses Gemisch vom Bischof geweiht und dann an die einzelnen Gemeinden verteilt.

Mit Taufe und Firmung bekommen die Christen ein Erkennungszeichen, ein Siegel. Das ist eine Art Stempel, der zeigt: „Ich gehöre zu Jesus Christus, ich gehöre zu seiner Kirche, ich möchte mein Leben lang mit Jesus gehen."

Rund um den Gottesdienst

Ist Kommunion dasselbe wie Erstkommunion?

Die dritte Feier, die am Beginn des Weges mit Jesus und seiner Kirche steht, ist die Kommunion. Eigentlich sagt man: „Eucharistie". Das Wort kommt aus der griechischen Sprache und bedeutet: „Dank sagen". Auf Deutsch wird die Eucharistiefeier meistens einfach „Messe" genannt.

Die Erstkommunion ist das Fest, an dem du zum ersten Mal Eucharistie feierst und das Brot vom Altar bekommst. Erstkommunion hat man nur einmal. Kommunion feiern wir an jedem Sonntag.

Wir feiern, dass Jesus von den Toten auferstanden ist und dass er durch seinen Tod die Brücke zwischen Gott und den Menschen erneuert hat. Jesus wollte, dass die Menschen sich immer wieder daran erinnern und dass sie verstehen, was er für sie getan hat. Er wollte, dass sein Tod und seine Auferstehung alle Menschen erreichen. Er hat sein Leben dafür gegeben, dass sie wieder zu Gott finden. Am Abend, bevor er gestorben ist, hat er mit seinen Freunden gegessen und getrunken. Er hat Brot und Wein gesegnet. Er hat ihnen erklärt, dass Brot und Wein Zeichen sind für ihn selbst und für seinen Tod (Mt 26, 26–28; Mk 14, 22–24; Lk 22, 19–20; 1Kor 11,23–25). Immer wenn wir von diesem Brot essen und diesen Wein trinken, verkünden wir den Tod Jesu, bis er wiederkommt (1Kor 11, 26). Darum feiern die Christen dieses Fest. Es ist zum Erkennungszeichen der Christen geworden. Wer Christ ist, feiert Eucharistie. So hat er Gemeinschaft mit Jesus Christus.

Rund um den Gottesdienst

Wie feiert man Eucharistie?

Die Eucharistiefeier ist ein Gottesdienst, der aus verschiedenen Gebeten, Texten und Liedern besteht. In den Liedern danken wir Gott. Sie sprechen von der Freude über das, was Jesus für uns getan hat. In den Gebeten bitten wir darum, dass Jesus in Brot und Wein in unsere Mitte kommt und dass wir mit ihm eine feste Gemeinschaft bilden. In den Texten erzählt der Priester davon, was Gott für die Menschen getan hat, wie Jesus mit seinen Freunden dieses Fest gefeiert hat und wie er ihnen erklärt hat, was es bedeutet: Es ist das Fest des Dankes für Tod und Auferstehung Jesu, das Fest der Verwandlung von Tod in Leben.

In der Messe bittet der Priester Gott um die Heiligung von Brot und Wein. Dann zeigt er der Gemeinde das Brot und sagt, was Jesus gesagt hat: „Nehmt und esst alle davon. Das ist mein Leib, der für euch hingegeben wird." Danach hebt er den Kelch mit Wein hoch und sagt, was Jesus gesagt hat: „Nehmt und trinkt alle daraus. Das ist der Kelch des neuen und ewigen Bundes, mein Blut, das für euch und für alle vergossen wird zur Vergebung der Sünden. Tut dies zu meinem Gedächtnis." So werden die Gaben geheiligt. Brot und Wein werden Leib und Blut Jesu. Tod wird in Leben verwandelt. Das ist der wichtigste Augenblick im Gottesdienst. Deshalb knien die Menschen. Der Priester macht eine Kniebeuge als Zeichen der Anbetung. Die Messdiener klingeln mit Glocken oder schlagen einen Gong. Sie schwenken Weihrauch, das Zeichen der Verehrung. Denn Jesus Christus ist in Brot und Wein auch heute wirklich da und schenkt sich uns.

Dann sprechen alle ein kurzes Glaubensbekenntnis, das Geheimnis des Glaubens: „Deinen Tod, o Herr, verkünden wir, und deine Auferstehung preisen wir, bis du kommst in Herrlichkeit." Damit zeigen wir, dass wir verstanden haben, was wir feiern (1Kor 11,26). Wir zeigen, dass wir Jesu Weg mitgehen möchten. Wir bekennen, dass Jesus Christus das Heil der Welt ist, die Brücke zum Vater.

Rund um den Gottesdienst

Knien – muss das so unbequem sein?

Im katholischen Gottesdienst gibt es drei verschiedene Körperhaltungen: Stehen, Sitzen und Knien. Im Sitzen kann man gut zuhören, z. B., wenn aus der Bibel vorgelesen wird oder wenn der Pfarrer etwas erklärt. Im Stehen ist man meistens etwas aufmerksamer. Man steht bereit. Man zeigt: „Ich bin da. Ich bin bereit. Ich stehe zu Diensten."

Außerdem ist der Mensch das einzige Lebewesen, das aufrecht geht. Das Stehen und das Gehen auf zwei Beinen sind Zeichen für die Würde des Menschen. Man spricht auch von einem aufrechten Herzen. Ein Herz, das frei ist und ehrlich und kein schlechtes Gewissen hat, ist ein aufrechtes Herz. Der aufrechte Gang, das Stehen, soll Zeichen sein für ein aufrechtes Herz.

Wer kniet, zeigt, dass er etwas verehrt oder anbetet. Er macht sich etwas kleiner. Seine Knie sind gebeugt, aber sein Herz ist aufrecht. Sein Oberkörper ist gerade und sein Blick schaut auf zu dem, was er verehrt. Knien darf man nur vor Gott. Nur Gott darf angebetet werden.

Rund um den Gottesdienst

Wie läuft der Gottesdienst ab?

So ein Gottesdienst kann einem ganz schön kompliziert vorkommen. Es gibt so viele verschiedene Texte und Gebete. Und es ist gar nicht leicht, sich zu merken, was man sagen soll und wann man aufstehen oder sich hinsetzen soll. Zum Glück ist der Ablauf der Eucharistiefeier immer gleich, und mit ein bisschen Übung kennt man sich schon bald gut aus. Das funktioniert sogar im Ausland. Wenn du z.B. mit deinen Eltern in Spanien Urlaub machst und wenn ihr dort in die Kirche geht, versteht ihr zwar vielleicht kein Spanisch, aber ihr erkennt genau den Ablauf der Messe. Ihr versteht, was passiert, obwohl die Menschen eine andere Sprache sprechen.

Wer sich im Gottesdienst noch nicht so gut auskennt, kann nachmachen, was die Messdiener tun. Sie sind die Spezialisten: Sie wissen genau, wann man steht und kniet und sitzt. Das üben sie in den Gruppenstunden.

Eröffnung
Begrüßung
Schuldbekenntnis
Kyrie
Gloria
Tagesgebet

Wortgottesdienst
1. Lesung
Zwischengesang
2. Lesung
Hallelujah
Evangelium
Predigt
Glaubensbekenntnis
Fürbitten

Eucharistiefeier
Gabenbereitung
Gabengebet
Eucharistisches Hochgebet
Vaterunser
Friedensgruß
Agnus Dei
Kommunion
Dankgebet

Entlassung
Schlusslied
Segen

Rund um den Gottesdienst

Wann mach ich was während des Gottesdienstes?

Wie wird's genannt?	Was passiert?	Was tun?
Eröffnungsteil		
Eröffnung	Der Priester begrüßt die Gemeinde. Kreuzzeichen	Stehen
Kyrie	Schuldbekenntnis: Die Gemeinde bittet Gott um sein Erbarmen. Text oder Lied, in dem „Kyrie" oder „Erbarme dich" vorkommt. Vergebungszuspruch durch den Priester	Stehen
Gloria	Die Gemeinde singt oder spricht einen Lobpreis. Text oder Lied, in dem „Gloria" oder „Ehre" oder „Preis" oder „Lob" vorkommt	Stehen
Tagesgebet	Messdiener hält Buch, Priester betet	Stehen
Wortgottesdienst		
Lesung	Lektor liest am Ambo aus der Bibel vor: „Lesung aus dem Buch…" – am Ende: „Wort des lebendigen Gottes" – „Dank sei Gott."	Sitzen
(Zwischengesang)	Lied/Psalm nach dem Vorlesen	Sitzen
(2. Lesung)	Lektor liest am Ambo aus der Bibel vor: „Lesung aus dem Brief …" – am Ende: „Wort des lebendigen Gottes" – „Dank sei Gott."	Sitzen
Halleluja	Messdiener kommen mit Kerzen, Diakon oder Priester hält ein kostbares Buch hoch und singt: „Halleluja." – „Halleluja."	Stehen
Evangelium	Diakon oder Priester liest aus der Bibel vor, er beginnt mit: „Der Herr sei mit euch" – „Und mit deinem Geiste" – „Aus dem heiligen Evangelium nach …" – „Ehre sei dir, o Herr." Am Ende: „Frohe Botschaft unseres Herrn Jesus Christus." – „Lob sei dir, Christus."	Stehen
Predigt	Der Diakon oder Priester erklärt der Gemeinde, was der Bibeltext bedeutet.	Sitzen
Glaubensbekenntnis	„Ich glaube an Gott…" oder Lied, in dem „Glaube" oder „Credo" vorkommt	Stehen
Fürbitten	Lektor und Priester oder Diakon stehen am Ambo und sprechen die Bitten der Gemeinde.	Stehen
Eucharistiefeier		
Kollekte	Klingelbeutel, Körbchen	Sitzen
Gabenbereitung	Messdiener bringen Brot und Wein, der Priester hält sie hoch und betet dabei. Danach: Handwaschung, Gebet	Sitzen

Rund um den Gottesdienst

Wie wird's genannt?	Was passiert?	Was tun?
Eröffnung / Präfation	„Der Herr sei mit euch." – „und mit deinem Geiste." – „Erhebet die Herzen." – „Wir haben sie beim Herrn." – „Lasset uns danken dem Herrn, unserm Gott." – „Das ist würdig und recht." – „In Wahrheit ist es würdig und recht,… Gebet	Aufstehen
Sanctus	Lied, in dem „Heilig" oder „Sanctus" vorkommt Danach: Bitte um Heiligung der Gaben	Stehen, danach hinknien
Wandlung/ Konsekration	Priester hält Brot hoch und sagt: „Das ist mein Leib…", Kelch entsprechend, Messdiener klingeln mit Glocken und schwenken Weihrauch	Knien
Geheimnis des Glaubens	Diakon oder Priester sagt: „Geheimnis des Glaubens" – „Deinen Tod, o Herr…" Weitere Gebete	Knien
Doxologie	Priester hält Brot und Wein hoch und sagt: „Durch ihn und mit ihm und in ihm…" – „Amen."	Knien, nach „Amen" aufstehen
Vater unser	Alle beten das Gebet der Christen. Danach: Friedensgebet	Stehen
Friedensgruß	Priester oder Diakon bittet die Menschen, sich den Gruß des Friedens zu geben: Man schüttelt die Hand des Nachbarn und sagt: „Friede sei mit dir."	Stehen
Agnus Dei	Priester bricht das Brot; 3mal Agnus Dei oder Lamm Gottes, danach hält der Priester das gebrochene Brot hoch und sagt: „Seht, das Lamm Gottes,…" – „Herr, ich bin nicht würdig…".	Stehen, danach hinknien
Kommunion	Alle gehen nach vorn. Der Priester und die Kommunionhelfer geben allen das Brot, die schon zur Erstkommunion gegangen sind. Sie sagen: „Der Leib Christi." – „Amen." Die Kinder bekommen ein Kreuz auf die Stirn. Danach: Altar wird wieder aufgeräumt.	Nach vorn gehen, kommunizieren oder Segen abholen, Dankgebet im Knien jeder für sich
Dankgebet	Der Priester spricht ein Dankgebet, nachdem der Altar wieder aufgeräumt ist.	Stehen
Entlassung		
Schlusslied	Alle singen ein Lied.	Stehen
Besondere Meldungen	Aus dem Pfarrbrief werden wichtige Termine bekannt gegeben, Leute genannt, die gestorben sind.	Wie's kommt…
Segen	Der Priester sagt: „Der Herr sei mit euch" – „und mit deinem Geiste" – „Es segne euch der allmächtige Gott, der Vater, der Sohn und der Heilige Geist" – dabei machen alle das Kreuzzeichen, der Priester ein ganz großes.	Stehen
Entlassung	Der Priester sagt: „Gehet hin in Frieden." – „Dank sei Gott, dem Herrn."	Nach Hause gehen

Rund um den Gottesdienst

Warum dauert die Predigt immer so lange?

In der Predigt erklärt der Priester oder der Diakon die Texte, die vorher aus der Bibel vorgelesen wurden. Eine Predigt dauert ungefähr zehn Minuten. Zehn Minuten können sehr schnell vergehen, wenn man etwas Schönes unternimmt, z.B., wenn man Fußball spielt. Zehn Minuten können aber auch sehr lang sein. Wahrscheinlich kommt dir die Predigt so lang vor, weil der Priester vor allem zu den Erwachsenen spricht. Er verwendet Wörter, die du noch nicht kennst. Er macht lange, komplizierte Sätze.

Manchmal gibt es besondere Gottesdienste für Kinder, in denen die Predigt einfacher zu verstehen ist. Wenn die Predigt für Kinder zu kompliziert ist und dir langweilig wird, kannst du dir in der Zeit die Kirche genau ansehen oder ein Buch anschauen. Solche Bücher für Kinder gibt es meistens am Eingang der Kirche. Wenn du dich umschaust oder in einem Buch blätterst, gehen die zehn Minuten schnell um. Außerdem hast du eine Pause gemacht und kannst wieder aufmerksam sein für den Teil der Messe, der noch kommt.

Grundsätzlich muss eine Predigt aber nicht langweilig sein. Sie erklärt die Bedeutung des Bibeltextes und hilft dir zu verstehen, was die Botschaft für dein Leben sein kann.

Rund um den Gottesdienst

Was passiert mit dem Geld?

Nach den Fürbitten geht ein Körbchen oder Säckchen herum, in das die Leute etwas Geld legen. Das nennt man: „Kollekte." Auf Deutsch bedeutet das: „Sammlung". Die Christen sammeln Geld, um anderen Menschen zu helfen oder um das zu bezahlen, was in der Kirche nötig ist: z. B. wenn die Wände neu angestrichen werden müssen oder wenn man Heizöl kaufen muss. Viele Gemeinden haben Partnergemeinden in armen Ländern, die sie unterstützen. Oder sie helfen mit dem Geld Menschen aus der eigenen Stadt, die arm sind.

Während das Geld eingesammelt wird, beginnt am Altar die Gabenbereitung. Die Messdiener bringen Brot und Wein zum Altar. Der Priester betet über diesen Gaben. Auch hier geben die Menschen das, was sie erarbeitet haben: Das Brot wurde aus Weizen gemacht. Den Weizen hat Gott der Erde geschenkt. Menschen haben ihn gesät und geerntet und zu Brot gebacken. Der Wein ist aus den Weintrauben gewonnen. Die hat Gott der Welt geschenkt. Die Trauben sind von Menschen zu Wein verarbeitet worden.

Das Brot ist Zeichen der Verheißung, Zeichen dafür, dass Gott für die Menschen sorgt. Der Wein ist Zeichen der Vollendung, Zeichen der Gemeinschaft mit Gott, die kein Ende hat. Gott hat der Welt in seinem Sohn Jesus das Heil geschenkt. Er sorgt für die Menschen. Das Reich Gottes, der Himmel auf Erden, hat begonnen.

Brot und Wein werden in der Messe geheiligt: Sie werden zu Leib und Blut Christi. Sie sind nicht nur Zeichen für ihn, sondern auch für die Menschen, die Jesu Weg mitgehen wollen. Jesu Lebensopfer soll auch das Opfer der Christen werden. Ihr Leben soll so ein Weg des Heils werden.

Rund um den Gottesdienst

Wozu ist das Beichten gut?

Wenn man sich für etwas schämt, kann man nicht ganz glücklich sein. Das Herz ist nicht aufrecht und froh, sondern gebeugt. Gott möchte, dass wir froh sind. Und er weiß, dass wir viele Fehler machen. Manche Fehler kann man gar nicht wieder gutmachen. Andere kann man zwar wieder gutmachen, aber ganz aus der Welt schaffen kann man sie nicht. Wenn du dich z. B. mit deinem Freund gestritten oder geprügelt hast, könnt ihr euch wieder vertragen. Aber ihr könnt nicht so tun, als ob es den Streit nicht gegeben hätte.

Gott möchte den Menschen trotzdem immer wieder eine neue Chance geben. Er möchte, dass dich nichts bedrückt. Ihm kannst du alles sagen. Er ist nicht böse auf dich, sondern freut sich, wenn du ihm vertraust, auch dann, wenn etwas nicht so gut gelaufen ist.

Die Beichte ist ein ganz kurzer Gottesdienst, in dem du dem Priester sagst, was dich bedrückt, was du falsch gemacht hast, wofür du dich schämst. Dieser Gottesdienst findet entweder in einem Zimmer oder im Beichtstuhl statt. Das ist eine kleine Kammer, die an den Wänden einer Kirche steht. Der Priester hört dir in der Beichte ganz genau zu und spricht mit dir. Er gibt dir einen Rat, was du tun kannst. Er liest aus der Bibel vor und betet mit dir.

Seine Aufgabe ist es, zu zeigen, dass Gott jeden mit offenen Armen aufnimmt, der ihm vertraut und zu ihm kommt. Der Priester macht das in der Beichte deutlich. Er ist garantiert nett zu dir. Deshalb musst du keine Angst davor haben, zu beichten. Natürlich muss man sich etwas überwinden. Aber nachher fühlst du dich sehr gut. Denn du kannst sicher sein, dass nichts mehr zwischen dir und Gott steht. Am Ende der Beichte sagt der Priester: „Ich spreche dich los." Das bedeutet: Das, was dich bedrückt, ist wirklich vom Tisch. Er sagt das im Namen Gottes.

Rund um den Gottesdienst

Wie geheim ist das Beichtgeheimnis?

Der Priester darf das, was du ihm während der Beichte erzählst, niemandem verraten. Das ist nämlich strikt verboten. Man nennt dieses Verbot „Beichtgeheimnis". Es gilt sogar vor der Polizei. Außerdem war der Priester ja stellvertretend da. Eigentlich hast du Gott erzählt, was dich bedrückt. Und der sagt es erst recht keinem weiter.

Rund um den Gottesdienst

Warum werden Kranke gesalbt?

Wer schwer krank ist, ist oft bedrückt oder sogar verzweifelt. Manche Kranken empfinden ihre Krankheit als Strafe Gottes. Sie haben das Gefühl, dass Gott nicht mehr bei ihnen ist. Die Christen glauben, dass Gott niemanden verlässt. Sie glauben, dass Jesus von den Toten auferstanden ist. Sie glauben deshalb, dass nichts, nicht einmal eine schwere Krankheit, nicht einmal der Tod, diese Brücke zwischen Gott und den Menschen wegnimmt.

Wenn ein Christ schwer krank ist, kann er die Krankensalbung empfangen. Dieses Sakrament besteht aus Gebeten, Texten und einer Salbung mit Öl. In den Texten und Gebeten wird deutlich, dass sich Gott um den Kranken kümmert, dass er ihm auch in der Krankheit nah ist. In den Gebeten bittet man darum, dass Gott alles wegnimmt, was den Kranken bedrückt, dass er ihm in der Krankheit beisteht und ihn heilt. Die Salbung ist ein Zeichen dafür.

Wenn ein Christ krank ist und die Krankensalbung empfangen möchte, zeigt er, dass sein Glaube ihn zuversichtlich macht. Dass er auch in der Krankheit Gottes Nähe spürt. Dass er in Gesundheit und Krankheit mit Jesus leben will. Er bekommt Kraft, nicht zu verzweifeln, auch wenn er nicht wieder gesund werden sollte. Denn Jesus hat den Tod besiegt. Der Tod wird nicht das letzte Wort haben.

Rund um den Gottesdienst

Warum heiraten die Christen zweimal?

Die Ehe ist aber auch ein Sakrament, also ein Gottesdienst in der Kirche, in dem Braut und Bräutigam ihren Bund vor Gott schließen. Sie versprechen sich Liebe und Treue. Sie wollen ihre Ehe als Christen führen. Sie zeigen, dass sie zur Kirche gehören und versprechen, ihre Kinder im Glauben zu erziehen. Durch ihren Bund machen sie Gottes Bund mit den Menschen sichtbar. Die Ehe, die man vor Gott schließt, ist ein Bund, den man nicht rückgängig machen kann. Dieser Bund ist ein Versprechen für das ganze Leben. Denn auch Gott nimmt sein Versprechen, das er den Menschen gegeben hat, nicht zurück.

In Deutschland heiraten die meisten Christen zweimal: einmal auf dem Standesamt, im Rathaus, und einmal in der Kirche. Das ist schon seltsam. Der Grund dafür ist, dass die Ehe einerseits etwas ist, was auf dem Amt geregelt wird. Mann und Frau übernehmen füreinander Verantwortung. Sie schließen gewissermaßen einen Vertrag, füreinander zu sorgen. Oft nimmt einer der beiden den Nachnamen des anderen an oder einer bekommt einen Doppelnamen. Dafür sind viele Formulare nötig. Für solche Dinge ist die Verwaltung der Stadt zuständig.

Rund um den Gottesdienst

Wie wird man Priester?

Wer Priester werden möchte, studiert an der Universität Theologie. Während des Studiums wohnt er mit anderen jungen Männern in einem Haus, das von mehreren Priestern geleitet wird. Dort übt er bestimmte Gottesdienstformen ein. Er spricht regelmäßig mit Priestern, die schon viel Erfahrung haben. Er denkt gut nach, ob dieser Beruf der richtige für ihn ist. Er spricht mit dem Bischof, der ihn genau kennenlernen möchte, weil er ja später in seinem Bistum arbeiten wird.

Nach dem Studium macht der junge Mann ein Praktikum in einer Gemeinde. Dann wird er zum Diakon geweiht. Einige Monate später ist die Weihe zum Priester. Das ist ein feierlicher Gottesdienst. Der Bischof legt dem jungen Mann die Hände auf den Kopf und bittet um den Heiligen Geist. Er salbt seine Hände und gibt ihm Kelch und Hostienschale. Der Priesterkandidat verspricht dem Bischof, seine Aufgaben als Priester gut zu erfüllen. Er soll das Wort Gottes verkünden und die Sakramente spenden. Er soll regelmäßig beten. Er soll den Bischof unterstützen. Der Bischof verspricht ihm, gut für ihn zu sorgen.

Nach der Weihe ist der Priester zuerst Kaplan. Er arbeitet in einer Gemeinde, die ein Priester leitet, der schon etwas älter ist und mehr Erfahrung hat als er. Meistens ist der Kaplan für die Kinder und Jugendlichen zuständig. Er betreut die Messdiener und Pfadfinder und leitet die Vorbereitung auf die Erstkommunion und auf die Firmung. Er fährt mit den Kindern ins Ferienlager.

Rund um den Gottesdienst

Warum darf ein Priester nicht heiraten?

Bei der Weihe zum Diakon gibt der junge Mann, der Priester werden möchte, dem Bischof das Versprechen, seinen Dienst gut zu tun und ehelos zu leben. Diese Lebensform nennt man „Zölibat". Wer im Zölibat lebt, heiratet nicht. Er darf auch keine heimliche Freundin haben. Er schenkt sich mit Haut und Haaren Gott.

Der Zölibat ist ein Zeichen: Er macht deutlich, dass der Priester ganz für Gott und für die Christen in der Kirche leben will. Dieses Zeichen ist mehr als ein kleines Kreuz an der Jacke. Der Zölibat ist ein Zeichen des Herzens, ein Zeichen, das man mit seinem ganzen Leben gibt. Das ist nicht immer einfach. Der Priester hat es für gute und für schlechte Zeiten versprochen.

Ein ähnliches Versprechen geben die Frauen und Männer, die in einem Kloster leben. Wer heiratet, gibt auch ein Versprechen für sein ganzes Leben. Er verspricht, seinem Partner in guten und schlechten Zeiten treu zu bleiben, auch wenn das nicht immer einfach ist.

Rund um den Gottesdienst
Ist die Beerdigung auch ein Sakrament?

Nein. Die Sakramente sind Feiern der Kirche hier auf der Erde. Sie sind Zeichen, durch die wir Gott hier auf der Erde begegnen. Im Himmel brauchen wir keine Zeichen mehr. Im Himmel schauen wir Gott von Angesicht zu Angesicht.

Das, was der Gestorbene auf unserer Erde zurücklässt, ist sein toter Körper und die Erinnerung in unseren Herzen. Ein toter Körper kann nichts mehr sagen oder tun. Und eine Erinnerung kann nicht sprechen. Bei einem Sakrament ist man aber leibhaftig beteiligt: durch Worte oder Zeichen, durch den eigenen Glauben. Deshalb kann ein Gestorbener kein Sakrament empfangen. Bei der Beerdigung sorgt die Gemeinde dafür, dass der tote Körper würdig behandelt wird. Tote zu begraben ist eine wichtige Aufgabe der Christen. Es ist ein „Werk der Barmherzigkeit". Die Christen beten für den Gestorbenen. Sie hoffen, ihn im Himmel einmal wiederzusehen. Sie hoffen und bitten, dass er mit Christus aufersteht.

Im Gottesdienst wird oft ein kurzes Gebet für die Toten gesprochen. Man kann es im Wechsel oder allein beten. Du kannst es auch sprechen, wenn du ein Grab besuchst, z.B. das von deinem Opa. Es geht so: „Herr, gib dem Opa die ewige Ruhe. Das ewige Licht leuchte ihm. Lass ihn ruhen in Frieden. Amen." Das ewige Licht ist Christus. Das Gebet bedeutet: Der Tote soll mit Christus auferstehen und immer bei ihm sein. Es soll ihm gut gehen.

Rund um das Kirchenjahr

Rund um das Kirchenjahr
Wer hat die Wochentage erfunden?

Die Wochentage wurden schon bei den Griechen und Römern nach den sieben Planeten bzw. Sternen benannt, die man sich als Herrscher über die einzelnen Tage vorstellte. Bei den Germanen war es ähnlich. Sie haben die Wochentage verschiedenen Göttern zugeteilt. Einige unserer Wochentage kommen da her: Der Sonntag galt als Tag der Sonne, der Montag als Tag des Mondes. Der Donnerstag war der Tag des Donar, des germanischen Donnergottes.

Die Bezeichnung der Wochentage ist also schon sehr alt. Auch die Einteilung der Woche in sieben Tage gibt es schon sehr lang: Bereits mehrere hundert Jahre vor Christus hat man in Mesopotamien die Woche in sieben Tage geteilt. Auch in Israel war das so. Die jüdische Woche besteht bis heute aus sieben Tagen. Der siebte Tag ist der Sabbat. Er ist ein besonderer Tag. An ihm soll man nicht arbeiten. Am Sabbat denken die Juden an den Bund, den Gott mit ihnen geschlossen hat. Sie feiern die Vollendung der Schöpfung. Schon in der Geschichte von der Schöpfung war von sieben Tagen die Rede. Den siebten Tag hat Gott gesegnet (Gen 2,3). Deshalb ist dieser Tag ein besonderer Tag.

Für die Christen besteht die Woche wie für die Juden aus sieben Tagen. Allerdings feiern sie als besonderen Tag den Sonntag. Sie feiern also nicht den letzten Tag, den Abschluss der Woche, sondern den ersten Tag, den Neubeginn. An ihm ist Jesus Christus von den Toten auferstanden (Mk 16,2). Mit seiner Auferstehung hat die Welt eine neue Hoffnung bekommen.

Gibt es besondere Zeiten?

Viele Völker verstanden früher die Zeit als Kreislauf: Frühling, Sommer, Herbst und Winter wechseln einander ab, und es geht immer weiter so. Auch die Tage einer Woche kommen immer wieder. In jeder Woche gibt es einen Sonntag und einen Donnerstag. Es ist wie eine Endlosspirale. In einer Endlosspirale haben die einzelnen Augenblicke keine besondere Bedeutung. Sie waren schon einmal da und kommen genau so wieder.

Wenn man dagegen davon überzeugt ist, dass ein Moment etwas ganz Besonderes ist, kann er so nicht wiederkommen. Nimm z. B. deine Geburt: Du feierst zwar jedes Jahr deinen Geburtstag, aber deine Geburt kommt deshalb nicht wieder, so wie der Frühling jedes Jahr wiederkommt. Der Tag deiner Geburt bleibt etwas Besonderes.

Wir Menschen müssen regelmäßig spüren, was wichtig ist. Wir haben nicht in jedem Augenblick alles im Kopf. Unser Herz würde platzen, wenn es alles Wichtige gleichzeitig spüren würde. Die Jahreszeiten und die Wochentage sind gut für die Menschen. Denn sie teilen die Zeit ein. Im Kalender der Juden und der Christen gibt es beides: das Regelmäßige und das Besondere. Jedes Jahr ist Weihnachten, und zwar immer im Winter. Aber die Geburt Jesu wiederholt sich nicht. Nur die Feier wiederholt sich. Das Besondere, das Einmalige wird regelmäßig gefeiert. So gelangt es in die Herzen der Menschen.

Wusstest du schon, dass sich die meisten christlichen Feste auf einen besonderen Moment in der Geschichte beziehen? Weihnachten feiern wir die Geburt Jesu. Ostern und in jeder Messe feiern wir seine Auferstehung. Dennoch sind diese Ereignisse einmalig. Jesus ist einmal für alle Menschen gestorben und auferstanden. Einmal ist genug.

Rund um das Kirchenjahr

Wann beginnt der Tag?

Das ist gar nicht so eindeutig. Normalerweise beginnt der Tag morgens: wenn die Sonne aufgeht, wenn der Wecker klingelt, wenn man wach wird. Für eine Atomuhr beginnt der Tag schon um Mitternacht. Für eine Atomuhr ist das Ende des alten Tages um 24 Uhr gleichzeitig der Anfang vom neuen Tag: 0 Uhr.

Für Juden und Christen beginnt der Tag eigentlich nicht am Morgen, wenn die Sonne aufgeht, oder um Mitternacht. Er beginnt schon am Abend vorher. Der jüdische Sabbat beginnt nicht am Samstagmorgen, sondern am Freitagabend: dann, wenn man den ersten Stern am Himmel sieht. Die Christen haben diese Rechnung übernommen. Das kann man an den Festen sehen: Eigentlich ist Weihnachten am 25. Dezember, aber die Bescherung ist schon am Heiligabend. Das Weihnachtsfest beginnt am Abend des 24. Dezember. Genauso an Ostern: Der erste Ostergottesdienst ist die Osternacht, die Nacht vom Karsamstag auf Ostersonntag. Und wer am Sonntag keine Zeit hat, zum Gottesdienst zu gehen, kann schon am Samstag die Vorabendmesse besuchen.

Rund um das Kirchenjahr

Was ist das Kirchenjahr?

Das Kirchenjahr ist der Kalender der Kirche. Man nennt es auch „liturgisches Jahr", weil es sich nach den Festen und Gottesdiensten, also nach der Liturgie der Kirche, richtet. Hier teilt man die Zeit nicht in Monate, sondern man unterscheidet besondere Zeiten und Alltag, Festkreise und Jahreskreis. Es gibt den Weihnachtsfestkreis und den Osterfestkreis und viele verschiedene Feste. Manche Feste gehören zu diesen Festzeiten: die Adventssonntage, Weihnachten, Gründonnerstag und Pfingsten. Andere sind immer an einem bestimmten Datum: der Nikolaustag am 6. Dezember und das Fest der Ankündigung der Geburt Jesu neun Monate vor Weihnachten, am 25. März.

Der Kalender der Kirche beginnt versetzt zum normalen Jahr. Der erste Tag des Kirchenjahres ist nicht Neujahr, sondern der erste Adventssonntag. Der letzte Tag des Kirchenjahres ist nicht Silvester, sondern der Samstag nach Christkönig. Christkönig ist der Sonntag vor dem ersten Advent.

Wusstest du schon, dass die Christen jede Woche ein Fest feiern? Jeder Sonntag ist ein Fest. Mit dem Sonntag beginnt im Kirchenkalender die Woche. Das italienische Wort für Sonntag ist: „domenica" und das französische: „dimanche". Übersetzt bedeutet beides: „Tag des Herrn". Am Tag des Herrn feiern die Christen das Mahl des Herrn: die Eucharistie. Schon in der Bibel ist aufgeschrieben, dass sich die Christen am ersten Tag der Woche zum Gottesdienst treffen (Apg 20,7; 1Kor 16,2).

Rund um das Kirchenjahr

Kann sich der Pfarrer aussuchen, welches Gewand er anzieht?

Vielleicht hast du schon einmal beobachtet, dass der Priester und manchmal auch die Messdiener im Gottesdienst verschiedene Gewänder anhaben: grüne und weiße, rote und violette. Das Tuch über dem Kelch hat die gleiche Farbe wie das Gewand des Pfarrers.

Welche Farbe an welchem Tag dran ist, ist vorgeschrieben. Man nennt diese Farben „liturgische Farben".

Violett steht für Vorbereitung und Übergang. Es ist die Farbe des Advents und der Fastenzeit, also der Vorbereitungszeiten auf Weihnachten und Ostern. Und es ist die Farbe, die der Pfarrer bei einer Beerdigung und an Allerseelen tragen kann. Denn wir hoffen, dass die Toten zum Leben übergehen.

Weiß ist die Farbe des Lichtes, die Farbe für ganz besondere Feste: für Weihnachten und Ostern, Fronleichnam und Christkönig und einige andere Feste. Weiß steht für das Neue, das durch Jesus Christus in unsere Welt gekommen ist. Auch das Taufkleid ist weiß, denn die Taufe ist eine Art neue Geburt in Christus.

Rund um das Kirchenjahr

Rosa ist ein helles Violett. Hier ist Violett mit Weiß gemischt, Vorbereitung ist schon Vorfreude. Der Pfarrer trägt an je einem Sonntag im Advent und in der Fastenzeit ein rosafarbenes Gewand. Diese Sonntage heißen Gaudete (3. Advent) und Laetare (4. Fastensonntag). Beide Worte bedeuten: Freut euch! Freu dich!

Rot ist die Farbe des Heiligen Geistes und des Bekenntnisses. Der Pfarrer bzw. der Bischof tragen an Pfingsten und zur Firmung ein rotes Gewand. Rot steht auch für den freiwilligen Tod, den Jesus selbst und später Christen auf sich genommen haben, die wegen ihres Glaubens verfolgt wurden. Rot ist deshalb auch die Farbe von Palmsonntag, Karfreitag und von Märtyrerfesten.

Grün ist die Farbe der Hoffnung und des Wachsens im Glauben. Grün ist die liturgische Alltagsfarbe, die Farbe des Jahreskreises. Denn jeder Tag im Leben eines Christen soll ein Tag der Hoffnung sein. An allen Sonntagen, an denen nicht Violett oder Rosa oder Weiß oder Rot vorgeschrieben ist, trägt der Pfarrer ein grünes Gewand.

Rund um das Kirchenjahr

Wer bringt die Geschenke: der Nikolaus oder der Weihnachtsmann?

Der Nikolaus war ein Bischof, der vor ungefähr 1700 Jahren in der Türkei lebte. Von ihm wird erzählt, dass er ungewöhnlich gütig und großzügig war. Auf alten Bildern trägt er oft drei Kugeln in der Hand. Sie erinnern an folgende Geschichte: Eine Familie war so arm, dass die Eltern und die drei Töchter hungern mussten. Die einzige Möglichkeit, nicht an Hunger zu sterben, war, die Mädchen zu verkaufen. Davon hörte Nikolaus. Heimlich warf er drei Kugeln aus Gold durch die offene Haustür. Damit war die Not der Familie überwunden. Sie konnten zusammenbleiben und mussten nicht verhungern. Der heilige Nikolaus ist bald so etwas wie ein Modeheiliger geworden: Jeder kannte seine Geschichte. Es gab viele Kirchen, die nach ihm benannt wurden. An seinem Sterbetag, am 6. Dezember, beschenkte man sich und war großzügig wie er.

Der Weihnachtsmann ist eine Art moderne Verwandlung des heiligen Nikolaus. Aus einem Menschen, der wirklich gelebt hat, wurde eine Fantasiegestalt. Aus einer religiösen Geschichte wurde ein Märchen. Aus einem Bischof wurde ein dicker Mann mit einem Rauschebart, der Geschenke durch den Kamin wirft. Der Weihnachtsmann fährt angeblich auf einem fliegenden Schlitten, der von Rentieren gezogen wird. Seit einer Werbekampagne von Coca Cola trägt er einen roten Mantel und eine Zipfelmütze. Es gibt ihn seit fast 200 Jahren aus Schokolade. Er kommt nicht am 6. Dezember, sondern an Weihnachten.

Weihnachten ist aber kein Märchenfest, sondern das Fest der Geburt Jesu. Der Weihnachtsmann hat an der Krippe nichts zu suchen.

Rund um das Kirchenjahr

Warum feiern wir jedes Jahr Advent und Weihnachten?

An Weihnachten feiern wir die Geburt Jesu im Stall in Betlehem. Wir hören die Weihnachtsgeschichte, die Lukas in seinem Evangelium aufgeschrieben hat. Wir hören, wie Maria und Josef nach Betlehem zogen und kein Gasthaus fanden, in dem sie schlafen konnten, wie sie in einem Stall Zuflucht gesucht haben, wie Jesus geboren ist. Wir hören von den Engeln, die den Hirten die Geburt des Retters verkündeten. Die Weihnachtsfeier ist die Geburtstagsfeier Jesu. Einmal ist er für uns in unsere Welt gekommen. Jedes Jahr feiern wir dieses Geschenk Gottes an uns Menschen.

Mit dem Advent beginnt das Kirchenjahr. Die Adventszeit ist die Vorbereitungszeit auf das Weihnachtsfest. Wir erwarten die Ankunft Jesu in unserer Welt. Advent bedeutet Ankunft. Gemeint ist die Geburt Jesu in der Krippe in Betlehem, die wir Weihnachten feiern. Und noch eine andere Ankunft ist gemeint: Die Christen erwarten, dass Jesus Christus am Ende der Zeiten wiederkommt. So steht es im Glaubensbekenntnis: „Er wird wiederkommen in Herrlichkeit." Wenn Jesus kommt, kann unsere Welt heil werden. Die Texte, die in der Adventszeit in der Kirche vorgelesen werden, und die Lieder, die wir in den Gottesdiensten singen, sprechen von dieser Hoffnung. Es gibt vier Adventssonntage vor dem Weihnachtsfest. An jedem Sonntag wird eine Kerze mehr auf dem Adventskranz angezündet.

> Wusstest du schon, dass der Adventskalender erst Mitte des 19. Jahrhunderts erfunden worden ist? Eine verständnisvolle Mutter hat ihrem Sohn 24 Plätzchen einzeln verpackt, um die Zeit des Wartens auf die Heilige Nacht zu verkürzen. Auch der Adventskranz ist erst vor 150 Jahren erfunden worden. Ein evangelischer Pfarrer hat in einem Kinderheim in Hamburg den ersten Kranz aufgehängt. Damals allerdings noch mit einer Kerze für jeden Tag.

Rund um das Kirchenjahr

Was ist das Besondere an Weihnachten?

Die Weihnachtszeit ist eine besondere Zeit. Das kann man spüren, weil es so viele Bräuche gibt: den Weihnachtsbaum, Sterne, beleuchtete Fenster, Lieder, Kerzen, Plätzchen, Geschenke und natürlich vorher schon den Adventskalender. In vielen Wohnungen in Deutschland steht zu Weihnachten ein Weihnachtsbaum. Die Menschen machen sich gegenseitig Geschenke. Viele Erwachsene bekommen von ihrem Chef sogar extra Geld, um davon Weihnachtsgeschenke zu kaufen.

Das Weihnachtsfest ist eines der größten Feste der Christen. Wir feiern, dass Jesus geboren wurde. Er ist der Sohn Gottes. Gott selbst wird ein Mensch. Das ist eigentlich unglaublich. Gott, der die Welt erschaffen hat, der für uns sorgt, ist ja so viel größer und mächtiger als wir Menschen. Und doch wird er so wie wir: ein Mensch, der geboren wird und laufen und sprechen lernt und erwachsen wird. Dazu hat sich Gott nicht den Palast eines mächtigen Königs ausgesucht, sondern einen Stall und eine Mutter, die sehr arm war. Denn Gott will nicht mächtig sein wie ein Herrscher, der die Menschen einsperren und töten kann, wenn sie nicht tun, was er will. Er will sich nicht bedienen lassen. Er schaut nicht von oben herab auf uns, sondern er macht sich klein. Er gab sich in die Hände der Menschen. Zuerst in die Hände der Mutter Jesu und zuletzt in die Hände der Menschen, die Jesus ans Kreuz schlugen.

Rund um das Kirchenjahr

Warum steht an manchen Häusern ein Geheimzeichen?

An manchen Häusern steht ein Zeichen, das mit Kreide über die Haustür gemalt wurde: C – M – B, eingerahmt von der Jahreszahl.

Dieses Zeichen ist eine Abkürzung. Die Langfassung lautet: „Christus mansionem benedicat." Das ist Latein und bedeutet: „Christus segne dieses Haus." Wer dieses Zeichen über der Haustür hat, zeigt, dass er Christ ist und sein Haus unter Jesu Schutz und Segen stellt.

Die Sternsinger schreiben dieses Zeichen an die Hauswand. Sie kommen kurz nach Weihnachten und bringen den Weihnachtssegen in die Häuser. Sie klingeln an allen Türen in der Straße, singen ein Weihnachtslied und sammeln Geld für Kinder in armen Ländern. Die Sternsinger sind Kinder aus der Gemeinde, die sich als die Heiligen Drei Könige verkleidet haben. Sie tragen Königskronen oder Turbane. Einer von ihnen hat sein Gesicht schwarz angemalt. Manchmal haben sie auch Hirten bei sich. Sie sind eine Art Verlängerung des Krippenspiels.

Im Matthäusevangelium steht, dass weise Männer bzw. Sterndeuter aus dem Morgenland zur Krippe kamen, um Jesus anzubeten (Mt 2,1–12). Später erzählte man sich, dass sie Könige waren und dass sie Caspar, Melchior und Balthasar hießen.

Rund um das Kirchenjahr
Wie lange dauert die Fastenzeit?

Die Fastenzeit beginnt am Aschermittwoch, direkt nach Karneval. Sie endet am Karsamstag, dem Tag vor dem Osterfest. Sie dauert genau 40 Tage oder sechseinhalb Wochen.

> *Wenn du im Kalender die Tage von Aschermittwoch bis Karsamstag zählst oder ausrechnest, wie viele Tage 6 ½ Wochen haben, merkst du, dass das eigentlich nicht stimmen kann. 6 ½ mal 7 ist mehr als 40. Es gibt nur zwei Lösungen: Entweder können die Christen nicht rechnen. Oder es gibt einen Trick, den man kennen muss, damit die Rechnung aufgeht. Der Trick lautet: Am Sonntag wird nicht gefastet. Der Sonntag ist immer ein Feiertag, auch in der Fastenzeit. Wenn du jetzt noch einmal zählst und jeweils die Sonntage überspringst, stimmt die Rechnung: Die Fastenzeit dauert 40 Tage.*

Die Fastenzeit ist die Vorbereitung auf Ostern. Sie wird auch „österliche Bußzeit" genannt. Mit dem Aschekreuz, das uns der Pfarrer am Aschermittwoch auf die Stirn zeichnet, werden wir zur Umkehr aufgerufen. Wir sollen aufmerksam sein für unsere Fehler und einen Neubeginn versuchen. Wir sollen uns immer neu klarmachen, dass wir ganz und gar von Gottes Liebe abhängen. Wir sollen uns bereitmachen für das Geschenk der Erlösung, das wir Ostern feiern. Wir sollen beten und fasten.

Rund um das Kirchenjahr

Darf man in der Fastenzeit Schokolade essen?

Die Fastenzeit ist keine Zeit, in der man eine Diät machen oder abnehmen soll, sondern das Fasten ist ein Zeichen dafür, dass wir mit Leib und Seele aufmerksam werden für Gott. Es geht aber nicht darum, ob wir dick oder dünn sind. Es ist nicht wichtig, ob wir es schaffen, sechseinhalb Wochen lang keine Schokolade zu essen. Nicht die Schokolade ist wichtig, sondern unser Verhältnis zu Gott. Es geht darum, dass wir uns immer wieder neu auf den Weg zu Gott machen und nicht nur in den Tag hineinleben. Wenn Kinder auf Schokolade verzichten oder die Erwachsenen auf Wein und Bier, kann das helfen, aufmerksam zu sein.

Wichtiger ist aber, dass das Herz aufrecht ist. Du kannst z.B. in der Fastenzeit jeden Abend kurz über den Tag nachdenken und dich fragen, was schön war und über was du traurig warst, was gut war und ob du vielleicht gemein zu jemandem gewesen bist. Du kannst Gott für das Schöne danken und ihn für das Böse um Verzeihung bitten. Du kannst dir vornehmen, ganz aufmerksam ein Abendgebet zu sprechen. Du kannst dich bemühen, ehrlich zu sein und dich nicht um unangenehme Dinge zu drücken. Du kannst helfen, dass sich ein Kind in deiner Klasse wohl fühlt, das sonst ausgelacht wird. Du kannst für deine Freunde beten oder in der Kirche eine Kerze für sie anstecken.

Die Fastenzeit ist also nicht dafür da, Ferien vom normalen Leben zu machen oder etwas ganz anderes zu tun als sonst. Die Fastenzeit ist die Gelegenheit, das zu üben, was man als Christ eigentlich immer tun sollte. Man soll immer neu sein Herz für Jesus Christus bereit machen.

Rund um das Kirchenjahr

Was hat der Palmsonntag mit Palmen zu tun?

Palmstock

sonntag halten sie Zweige in der Hand, die mit Weihwasser gesegnet wurden. Diese Zweige sind bunt geschmückt. Oft basteln die Kinder der Gemeinde gemeinsam diesen Schmuck. Die Zweige erinnern an die Palmzweige der Menschen damals in Jerusalem. In Deutschland verwendet man statt Palmen Buchsbaum. Das ist ein kleiner Strauch, der das ganze Jahr lang grün ist. Einen kleinen Zweig kann man sich zu Hause hinter das Kreuz stecken. Er ist ein Zeichen für den Ruf: „Hosianna dem Sohne Davids!"

Wusstest du schon, dass die Asche, mit der wir am Aschermittwoch das Aschekreuz bekommen, Asche vom verbrannten Palmzweig des letzten Jahres, vermischt mit geweihtem Wasser, ist?

Der Palmsonntag ist der Sonntag vor Ostern. Am Palmsonntag wird im Gottesdienst erzählt, wie Jesus kurz vor seinem Tod auf einem Esel nach Jerusalem ritt (Mt 21,1–11; Mk 11,1–11; Lk 19,29–40; Joh 12,12–19). Als er durch das Stadttor kam, jubelten ihm die Menschen zu. Sie riefen: „Hosianna dem Sohne Davids!" Das bedeutet: „Willkommen, du König und Gesalbter des Herrn!" Dabei wedelten sie mit Palmzweigen. Wie für einen König breiteten sie Zweige auf dem Weg aus, auf dem er ritt. Bald jubelten sie Jesus nicht mehr zu. Schon kurz danach forderten sie von Pontius Pilatus, Jesus zu kreuzigen.

Die Christen glauben, dass das, was sie zuerst gerufen haben, richtig ist. Sie glauben, dass Jesus wirklich der König und Gesalbte Gottes ist. In der Palmprozession am Palm-

Rund um das Kirchenjahr

Wie lange dauert das Osterfest?

In den Büchern, die im Gottesdienst verwendet werden, ist von den „drei österlichen Tagen" die Rede. Diese Tage, in denen die Christen Leiden, Tod und Auferstehung Jesu feiern, beginnen in der Abendmesse am Gründonnerstag. Das ist der Donnerstag vor Ostern. Sie enden am Ostersonntag.

Für diese österlichen Tage gibt es eine Menge Bräuche, zum Beispiel:

das **Osterfeuer**, das am Samstag vor Ostern, am Beginn der Liturgie in der Osternacht vor der Kirche entzündet, geweiht und dann in feierlicher Prozession mit dreimaligem Singen des „Lumen Christi" (Licht Christi) in das noch dunkle Gotteshaus getragen wird. An der Osterkerze werden auch die Taufkerzen entzündet. In zahlreichen Gemeinden werden am Abend des Ostersonntags große Osterfeuer abgebrannt, die wiederum mit der Osterkerze entzündet werden.

Ostereier werden prächtig bemalt oder gefärbt und dann am Ostersonntag für die Kinder versteckt. Dieser Brauch hat verschiedene Ursprünge. Schon in der Urchristenzeit war das Ei Sinnbild des Lebens und der Auferstehung, sodass in das Grab von Toten ein Ei mitgegeben wurde. Das Ei hält etwas verborgen, ist wie ein verschlossenes Grab. Aus einem scheinbar toten Körper schlüpft schließlich etwas Lebendiges. Damit wird die Beziehung zur Auferstehung Christi deutlich. Auch die Frage nach der Ewigkeit kann durch die Form des Eies – ohne Anfang und Ende – gedeutet werden. Außerdem war früher während der Fastenzeit auch der Genuss von Eiern untersagt. Bis zum Osterfest, das die Fastenzeit beendet, sammelten sich somit viele Eier an.

Das **Osterlamm** gehört ebenfalls zum Osterfest. Es geht zurück auf den jüdischen Brauch, zum Passahfest ein Lamm zu schlachten und zu verspeisen (Ex 12 1–14). Der Apostel Paulus hat gesagt: Christus ist unser Passahlamm, das geopfert wurde und so die Welt erlöst hat (vgl. 1 Kor 5,7). Deshalb beten wir im Gottesdienst das „Agnus Dei", das „Lamm Gottes". In der Osterzeit steht oft ein gebackenes Lamm aus Kuchenteig auf dem Speiseplan.

Man kann aber auch sagen, dass das Osterfest 50 Tage dauert. Denn der letzte Tag der kirchlichen Osterzeit, also des Osterfestkreises, ist Pfingsten. Pfingsten heißt auf Griechisch: „pentekoste". Das bedeutet: „50" bzw. „der 50. Tag".

Rund um das Kirchenjahr

Warum wäscht der Priester anderen Leuten die Füße?

Im Gottesdienst am Gründonnerstag wäscht der Priester zwölf Leuten aus der Gemeinde die Füße. Vorher hat er vorgelesen, dass Jesus seinen Freunden die Füße gewaschen hat. Das war damals etwas, das Sklaven für ihre Herren tun mussten. Jesus hat es für seine Freunde getan. Er hat ihnen erklärt, dass sie so miteinander umgehen sollen: Keiner soll denken, dass er Herr über einen anderen ist. Alle sollen füreinander da sein, wie Jesus für die Menschen da war. So haben wir mit ihm Gemeinschaft.

Zum Gloria, also zum Lied vor dem Tagesgebet, läuten die Messdiener mit Glocken. Der Organist spielt besonders festlich und laut. Danach bleibt die Orgel bis zur Feier der Auferstehung Jesu stumm.

Am Gründonnerstag feiern die Christen den Beginn der Eucharistie.

In den Texten, die im Gottesdienst vorgelesen werden, wird erzählt, wie Jesus am Abend vor seinem Kreuzweg mit seinen Freunden ein Festmahl gehalten hat. Es war wahrscheinlich am Vorabend des jüdischen Passahfestes (Joh 13,1). Bei diesem Mahl hat er Brot und Wein gesegnet und verteilt. Er hat seinen Freunden erklärt, dass Brot und Wein Zeichen für ihn selbst sind: für seinen Tod und seine Auferstehung. Er hat sie aufgefordert, dieses Mahl immer wieder zu feiern. So ist es zum Erkennungszeichen der Christen geworden.

Das Hochgebet, also das Gebet, in dem Brot und Wein geheiligt werden und so zu Leib und Blut Christi werden, ist etwas länger als sonst. Der Priester fügt einen kleinen Satz ein. Er sagt: „Am Abend vor seinem Leiden – das ist heute – nahm er das Brot." Nach der Kommunion wird der Rest des geheiligten Brotes zu einem Seitenaltar getragen. Von dort wird es am nächsten Tag, am Karfreitag, geholt und verteilt. Denn am Karfreitag findet keine Eucharistiefeier statt.

Rund um das Kirchenjahr

Warum heißt der Karfreitag Karfreitag?

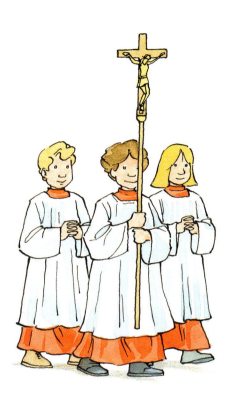

Einheit der Christen, für die Juden und für die ganze Welt beten. Der Diakon fordert die Gemeinde auf, sich nach dem Beginn jeder Bitte hinzuknien. Nach den Fürbitten verehren alle das Kreuz. In manchen Gemeinden kommt man dazu nach vorn und macht eine Kniebeuge vor einem großen Kreuz, das die Messdiener halten. In anderen Gemeinden wird ein Kreuz weitergegeben. Jeder kann es kurz halten und still beten. Im Kreuz ist Leben und Hoffnung. Durch seinen Tod am Kreuz hat Jesus die Welt erlöst.

Das „Kar-" aus dem „Karfreitag" und „Karsamstag" kommt von dem Wort „kara". Das ist Althochdeutsch, also das Deutsch, das man vor über 1000 Jahren gesprochen hat. Es bedeutet: Kummer, Klage, Trauer. Der Karfreitag ist der Tag, an dem Jesus gekreuzigt wurde und gestorben ist. Der Gottesdienst an diesem Tag ist sehr ernst und still und bedrückend. Er beginnt nachmittags um 15 Uhr, in der Todesstunde Jesu (Lk 23, 44–46).

Der Altar ist ganz leer, alle Kerzen und Tücher sind abgeräumt. Die Orgel ist stumm. Das Evangelium ist viel länger als sonst: Die ganze Leidensgeschichte Jesu wird vorgelesen. Zwischendurch sprechen alle ein Gebet oder der Chor singt ein Lied, das zum Kreuzweg Jesu passt. Danach kommen zehn feierliche Fürbitten, in denen wir für die Kirche, für die

Rund um das Kirchenjahr
Was passiert in der Osternacht?

Die Osternacht ist der feierlichste Gottesdienst im ganzen Jahr. Es gibt viele Zeichen und Gesänge und Gebete. Die Orgel spielt wieder und fast immer singt ein Chor. Viel mehr Messdiener kommen als in einem normalen Gottesdienst. Die Lieder sprechen von Freude und Hoffnung. Denn Gott schenkt der Welt das Kostbarste, was er hat: seinen Sohn. Durch Jesu Tod und Auferstehung hat die Welt eine neue Hoffnung bekommen. Er hat den Tod besiegt. Wer an Jesus glaubt, hat Gemeinschaft mit Gott.

Der Gottesdienst beginnt draußen vor der Kirche. Es ist dunkel, denn es ist Nacht. Mitten in der Dunkelheit brennt ein Feuer, das Osterfeuer. Die Nacht wird hell und warm. Am Osterfeuer wird die neue Osterkerze angezündet. Alle halten Kerzen in den Händen. Sie bekommen Feuer von der Osterkerze. Der Priester singt: „Christus, das Licht!" Alle antworten: „Dank sei Gott!" Dann singt der Priester das Osterlob. Er singt: „Frohlocket, ihr Chöre der Engel! Lobsinge, du Erde! Dies ist die selige Nacht, in der Christus erstand von den Toten! Die Nacht wird hell wie der Tag! O wahrhaft selige Nacht, die Gott und Menschen verbindet!"

Nach dem Osterlob werden Texte aus der Bibel vorgelesen. Die ganze Geschichte Gottes mit seinem Volk wird darin zusammengefasst, von der Schöpfung bis zu Jesu Auferstehung. Alle Heiligen werden angerufen. Manchmal findet in diesem Gottesdienst auch eine Taufe statt. Das Wasser, mit dem die Täuflinge getauft werden, wird für das ganze Jahr geweiht. Alle denken an ihre eigene Taufe zurück und erneuern ihren Glauben an Jesus Christus.

Wusstest du schon, dass sich die orthodoxen Christen nicht gegenseitig „Frohe Ostern!" wünschen? Sie sagen: „Christus ist auferstanden!" Und man antwortet nicht: „Danke, gleichfalls!", sondern: „Ja, er ist wirklich auferstanden."

Rund um das Kirchenjahr

Wieso feiern wir immer an einem anderen Datum Pfingsten?

Pfingsten ist der letzte Tag der Osterzeit. Wir feiern Pfingsten immer am 50. Tag nach Ostern. Weil Ostern in jedem Jahr an einem anderen Datum stattfindet, ist auch Pfingsten immer an einem anderen Datum. Was immer gleich bleibt, ist der Abstand zwischen beiden Festen. Und sie fallen immer auf einen Sonntag.

Zehn Tage vor Pfingsten bzw. 40 Tage nach Ostern, an einem Donnerstag, ist das Fest Christi Himmelfahrt. Das ist das Fest der Erhöhung Jesu, seines Weges zu seinem Vater. Von dort ist er gekommen, um die Welt zu erlösen. Zu ihm kehrt er nach seiner Auferstehung zurück. Damit wir auch heute noch mit ihm verbunden bleiben können, hat er den Heiligen Geist gesandt. Pfingsten ist das Fest des Heiligen Geistes. Der Heilige Geist verbindet die Menschen im Glauben an Jesus Christus. Durch seinen Geist ist Jesus bei uns, obwohl wir ihn nicht sehen und anfassen können. In der Taufe bekommen wir den Heiligen Geist. Wir werden Mitglieder der Kirche und gehören so für immer zu Jesus. Deshalb könnte man auch sagen, dass Pfingsten das Fest der Kirche ist: der Geburtstag der Kirche.

Wusstest du schon, dass der Heilige Geist oft als Taube dargestellt wird?

Rund um das Kirchenjahr

Warum tragen Katholiken eine Hostie durch die Stadt?

An einem Donnerstag im Sommer gibt es in den meisten Gemeinden eine große Prozession: die Fronleichnamsprozession. Die Kindergartenkinder, die Erstkommunionkinder, die Messdiener und die Erwachsenen gehen durch die Straßen und singen und beten. Die Wege sind geschmückt und die Kinder streuen Blumen. Der Priester trägt eine Monstranz. Das ist eine tragbare Vitrine aus Gold und Edelsteinen, in der eine geweihte Hostie zu sehen ist. Jesus Christus wird im Sakrament, im Brot aus der Eucharistiefeier, durch die Straßen getragen. Deshalb nennt man die Prozession auch „Sakramentsprozession". Das Wort „Fronleichnam" bedeutet: „lebendiger Leib des Herrn". Vor ungefähr 750 Jahren, als das Fest entstanden ist, verstand jeder die Bedeutung des Wortes. Heute denken wir bei dem Wort „Leichnam" immer an Tote. Aber Jesus Christus ist im Brot vom Altar tatsächlich lebendig bei uns. Nur deshalb dürfen wir dieses Brot verehren, z. B. durch eine Kniebeuge oder eben durch die Prozession. Fronleichnam ist die Verlängerung der Messe in unsere Straßen und Städte hinein.

Rund um das Kirchenjahr

Wie wird man heilig?

Heilige sind Menschen, die in ihrem Leben ganz eng mit Gott verbunden waren. Sie haben gezeigt, dass Gott die Menschen liebt. Dass er auf wunderbare Weise für sie sorgt. Sie haben natürlich auch Fehler gemacht. Aber alles in allem ist ihr Leben als Christ gelungen.

Wenn Menschen überzeugt sind, dass jemand heilig gelebt hat, können sie ihren Bischof bitten, ein Heiligsprechungsverfahren zu beginnen. Das ist ein langes und kompliziertes Verfahren, in dem das Leben des vorgeschlagenen Kandidaten genau geprüft wird. Am Ende des Verfahrens kann der Papst feierlich erklären, dass der Kandidat heilig war. Einer der bekanntesten Heiligen ist der heilige Nikolaus. Sein Fest ist am 6. Dezember. Wenn du Klaus oder Claudia, Nikola, Niklas oder Nils heißt, hast du an diesem Tag Namenstag. Ein anderer bekannter Heiliger ist der heilige Martin. Sein Fest ist am 11. November, wenn die Kinder mit Laternen durch die Straßen ziehen.

Für den Apostel Paulus sind alle Christen heilig. Wenigstens sollen alle heilig sein (Röm 1,7). Am 1. November ist das Fest Allerheiligen. Im Gottesdienst wird aus der Bergpredigt vorgelesen. Das ist eine Predigt, in der Jesus zeigt, wie das Leben der Menschen gut wird. Er sagt: „Selig, die ein reines Herz haben. Denn sie werden Gott schauen. Selig, die Frieden stiften. Denn sie werden Kinder Gottes genannt werden." (Mt 5,5.9) Wir glauben, dass dies auf die Heiligen zutrifft. Wir glauben, dass sie bei Gott sind. Wer bei Gott ist, lebt. Er gehört zur Gemeinschaft der Heiligen. Wie wir unsere Freunde bitten können, für uns zu beten, so können wir auch die Heiligen um ihr Gebet bitten.

Am 2. November feiern wir Allerseelen. An diesem Tag denken wir besonders an die Menschen, die schon gestorben sind. Wie wir füreinander beten können, so können wir auch für die Toten beten, dass sie auferstehen. Wir hoffen, dass wir sie eines Tages bei Gott wiedersehen werden.

REGISTER

Abendmahl   schau nach bei: **Eucharistie**

Abraham   **12, 16**

Advent   63, 101–103, **105**

Adventskalender   **105**, 106

Adventskranz   63, **105**

Adventssonntag   101, **105**

Agnus Dei (Lamm Gottes)   85, 87, **111**

Allerseelen   102, **117**

Altar   54–55, **56**, 59, 63, 68, 70, 76, 82, **83**, 87, 89, 112, 113, 116

Altes Testament   10, **11**, 16, 22, **24**, **25**, 53

Ambo   56, 68, 86

Amen   35, **36**

Angst   40, **42**, **43**, 47, 90

Apostel, apostolisch   10, 11, 21, 28, 37

Aschekreuz   108, **110**

Auferstehung   10, 21, 22, 25, 28, 35, 37, **44**, 46, 48, 56, **61**, **82**, **83**, 98, 99, 111, 112, **114**, 115

Ave Maria   64

Beerdigung   52, 76, **96**, 102; schau auch bei: Sterben, **Tod**

Beichten, Beichtstuhl   61, 68, 69, **90**, **91**

Beichtgeheimnis   91

Beten, Bitten   18, **25**, 30, **36**, **40**, **41**, 47, 56, 57, 60, **62–64**, 69, 75, 78, 80, 96, 108, 109, 113, 116, 117

Betlehem   26, 64, **105**

Beweis   22, 31, **33**

Bibel   **10–28**, 32, 37, 39, 41, 42, 49, 56, 60, 62, 85, 86, 88, 90, 101, 114

Bischof   11, 28, 66, 67, 69, 71, **74**, **75**, 81, 94, 95, 104, 117

Bistum   71, **74**, **75**, 81, 94

Bitte   schau nach bei: **Beten, Bitten**

Brief   **10**, **11**, 21, 25, 70, 71, 86, 87

Brot   25, 36, 39, 56, **57**, 58, 68, 70, 78, **82**, **83**, 86, 87, **89**, **112**, **116**; schau auch nach bei: **Eucharistie, Kelch und Schale, Wein**

Bund   10, **16**, 20, 21, 25, **32**, 78, **83**, **93**, 98

Chorraum   54, 56

Chor   59, 113, 114

Chrisam   78, 80, **81**

Christentum   30, 65, 111

Christi Himmelfahrt   44, **115**

Christkönig   101, 102

Credo   28, **31**, 34, **35**, 40, 44, 47, 64, 80, 83, 85, 86, 105

Diakon   22, 46, 69, 75, 76, 80, 86–88, **94**, **95**, 113

Einsam sein, Einsamkeit   17, 20, 45, 49

Eltern   33, 34, 80, 85, 104

Engel   26, 44, **49**, **50**, 60, 64, 105, 114

Erstkommunion   34, 60, 69, 70, 81, **82**, 94, 116

Eucharistie   13, 34, 46, 56, 69, 79, **82**, **83**, 85–87, 101, **112**, 116

Evangelisch   22, **65–68**, 105

Evangelist   22, **23**, 25

Evangelium   14, **22**, 25, 26, 28, 66, 85, 86, 105, 107, 113

Ewiges Licht   57, 68

Fasten, Fastenzeit   102, 103, **108**, **109**, 111

Fenster, Kirchenfenster   28, **52**, **60**, 106

Fest, Feiern   82, 83, **99–103**, 106, 112, 115–117

Firmung   34, 79, **81**, 94, 103

Flügel   49

Freunde   37, 38, 40, 43, 44, 53, 70, 82, 83, **109**, **112**, 117

REGISTER

G
Gabenbereitung 85, 86, **89**
Gebetbuch, Gotteslob 80, 88
Gebetslied schau nach bei: **Psalm, Buch der Psalmen**
Gebote, Zehn Gebote 11, **14**, 16, **24**
Geburtstag 99, 105, **115**
Geheimnis des Glaubens 35, **46**, **83**, 87
Geld 25, 37, 71, **89**, 106, 107
Gemeinde 10, 11, 13, 19, 21, **28**, 59, 66, 67, **69, 74, 75,** 78, 81, 83, 89, 94, 96, 107, 110–113, 116
Gesätz 64
Geschenke 47, 62, **104**, 106
Gewissen 19, 33, 84
Glaubensbekenntnis, Glauben schau nach bei: **Credo**
Gleichnis 25, 38
Gottesdienst (Ablauf) 85–87
Grab 43, 44, 96, 111
Gründonnerstag 81, 101, 111, **112**

H
Hahn, Hühner 53, 54
Heilig, Heilige, Allerheiligen 22, 35, 49, 60, 68, 80, 104, 114, **117**
Heilige drei Könige 26, 62, **107**
Heilige Schrift schau nach bei: **Bibel**
Heiliger Geist 22, 35, **47**, 80, **81**, 94, 103, **115**
Heiraten schau nach bei: **Hochzeit**
Himmel, Himmelreich 16, 25, 33, 35, **38**, 44, **48, 49,** 55, 89, 96, 100, 101; schau auch nach bei: **Reich Gottes**
Hochgebet schau nach bei: **Gottesdienst (Ablauf)**
Hochzeit 52, 76, 78, 79, **93**, 95
Hölle 48, **49**
Hosianna 110
Hostie schau nach bei: **Brot**

I
Islam 30
Israel (Volk und Land) 10, 12, 13, **16**, 19, 20, 24, 25, 26, **32**, 36, 98

J
Jerusalem **12, 13,** 110
Juden, Judentum 12, 13, 16, 18, 24, 28, **30, 32,** 36, 40, 98–100, 113

K
Kanzel 68
Kardinal 73
Karfreitag 103, 112, **113**
Katechismus 35
Katholisch 21, 22, 34, 35, 55, 57, 65, **66–68,** 71, 74, 75, 79, 84, 101
Kelch und Schale 76, **83**, 87, 94, 102; schau auch nach bei: **Brot, Eucharistie, Gabenbereitung, Wein**
Kerze 47, 55, 57, 60, 62, **63**, 68, 70, 76, 80, 105, 106, 109, **111**, 113, 114
Kind, Kinder 16, 31, 34, **38**, 47, 52, 55, 59, 60, 69, 78, 80, 81, 87, 88, 93, 94, 105, **107**, 109, **110**, 111, 116, 117
Kinderchor schau nach bei: **Chor**
Kirche (Gebäude) 43, 45, 47, **52, 54, 55,** 56–59, 60, 62, 63, **65**, 68, 76, 88, 93, 104, 109, 114
Kirche (Menschen) 10, 13, 14, 25, 28, **34**, 35, 47, **52**, 65–67, **69**, 71, **75**, 74, 78, 79–82, 85, 89, 95, 96, 101, 113, 115
Kirchenjahr 99, **101**, 105
Kloster 69, 95
Knien, Kniebeuge 57, 58, 61, 68, 83, **84**, 86, 87, 113, 116
Kollekte 86, **89**
Kommunion schau nach bei: **Eucharistie**
Konfession 65–67
König, Königin 11, 12, 16, 26, **36**, 42, 59, 62, 101, 102, 106, **107**, **111**
Konzil 74

REGISTER

Krank, Krankensalbung   39, 69, 79, **92**

Kreuz   13, **42**, **43**, **45**, 53, 54, 56, 64, 75, 95, 106, 108, 110, **113**

Kreuzweg   **42**, **43**, 60, 112, 113

Kreuzzeichen   35, **55**, 68, 80, 86, 87

Krippe   13, **26**, 62, **104**, **105**, 107

Küster, Küsterin   54, **69**, 76

Lamm Gottes   schau nach bei: **Agnus Dei (Lamm Gottes)**

Lesung   56, 84, 85, 86, 114

Liturgische Farben   **102**, 103

Magnifikat   25

Mann und Frau   18, 32, **93**

Maria, Mutter Jesu   25, **26**, 35, 43, 49, 63, **64**, 105, **106**

Messdiener, Messdienerin   62, 68, 69, 70, 76, 83, 85, 86, 87, 89, 94, 102, 112–114, 116

Messe   schau nach bei: **Eucharistie, Gottesdienst (Ablauf)**

Messgewand   68, 75, 76, **102**, 103

Ministrant, Ministrantin   schau nach bei: **Messdiener, Messdienerin**

Mönch   69

Monstranz   116

Mose   12, **16**, 20

Namenstag   80, 117

Neues Testament   10, **11**, 13, 19, **21**, **22**, 25, 28

Nikolaus, Nikolaustag   101, **104**, **117**

Noah   16

Nonne   69

Offenbarung   11, 19, 21, **32**

Opfer   45, **82**, **83**, 89

Organist, Organistin   54, 59, 69, 112

Orgel   59, 112, 113, 114

Orthodox   22, 34, 65–67, 81, 114

Osterkerze   63, 80, **111**, 114

Ostern, Osterfest, Osternacht   52, 71, 99, 100–102, 108, 110, **111**, **114**, 115

Palmsonntag   103, **110**

Papamobil   72

Papst   11, 36, 67, **71**, 72, **73**, **74**, 75, 117

Passahfest   13, 111, **112**

Pastoralreferent, Pastoralreferentin   69, 70

Patriarch, Patriarchat   67

Paulus   **11**, 13, 21, 25, 27, **28**, 117

Pfadfinder   94

Pfarrer, Pastor (evangelisch)   66–68, 105

Pfarrer, Priester (katholisch)   66, 68, **69**, 75, 78, 79, **94–95**

Pfingsten   28, 101, 103, **111**, **115**

Predigt   25, 56, 68, 85, 86, 88, 117

Prophet, Prophetin   11, 12, 16, **19**, 20, 24, 36

Prozession   110, 111, **116**

Psalm, Buch der Psalmen   16, 18, 24, 40, 62, 86

Reich Gottes   13, **25**, **27**, 36, **38**, **48**, **64**, 89

Religion, Religionen   30, 31, 56

Rosenkranz   64

REGISTER

Sakrament 34, 67, 69, **78**, **79**, 80, 81, **92–94**, 96
Sakristei 70, 76
Schöpfung 17, 24, 98, 114
Segen 16, 55, 71, 85, 87, 107
Seligpreisungen 25, 27, 117
Singen 49, 86, 87, 105, 107, 111, 116
Sonntag 35, 52, 79, **82**, 98, 99, 100, **101**, 103, 108
Sterben, Tod 22, 39, **42**, **43**, **44–48**, 60, 82, 96, 99, 104, **113**, 117
Sternsinger 26, 107

Tabernakel 57, 58, 63, 68
Taufbrunnen 55, 63, 80
Taufe 20, 34, 35, 52, 55, 60, 76, **78–81**, 102, 114, 115
Taufpate, Taufpatin 80
Teufel 49, 60
Traurig sein, Traurigkeit 17, 31, 40, 41, 42, 47–49, 52, 109
Tresor 76

Übersetzung 13, 14, 25
Unsichtbar 27, 32, 33, 55

Vaterunser 25, 40, 64, 85, 87
Vatikan 71, 72–74
Verzweifelt sein, Verzweiflung 92, 20

Wandlung / Konsekration 70, 83, 87
Weihnachten 26, 52, 71, 99–102, **104–107**
Weihnachtsmann 104
Weihrauch, Weihrauchfass 62, 63, 68, 70, 83, 86, 87
Weihwasser 55, 68, 102
Wein 56, 68, 70, 76, **78**, **82**, 83, 86, 87, **89**, 109, **112**, schau auch nach bei: Brot, Eucharistie, Gabenbereitung, Kelch und Schale
Wochentage, Woche 17, **98**, **99**, 101, 108, 109
Wüste 12, 20

Zaubern, Zauberer 39, 41
Zölibat 95
Zweifel 19, 33

121

Gebete

Das Kreuzzeichen

Im Namen des Vaters
und des Sohnes
und des Heiligen Geistes.
Amen.

Ehre sei dem Vater

Ehre sei dem Vater
und dem Sohn
und dem Heiligen Geist.
Wie im Anfang,
so auch jetzt und alle Zeit
und in Ewigkeit.
Amen.

Das Vaterunser

Vater unser im Himmel,
geheiligt werde dein Name.
Dein Reich komme.
Dein Wille geschehe,
wie im Himmel so auf Erden.
Unser tägliches Brot gib uns heute.
Und vergib uns unsere Schuld,
wie auch wir vergeben unsern Schuldigern.
Und führe uns nicht in Versuchung,
sondern erlöse uns von dem Bösen.

Denn dein ist das Reich
und die Kraft
und die Herrlichkeit
in Ewigkeit.
Amen.

Das Apostolische Glaubensbekenntnis

Ich glaube an Gott,
den Vater, den Allmächtigen,
den Schöpfer des Himmels und der Erde,
und an Jesus Christus,
seinen eingeborenen Sohn, unsern Herrn,
empfangen durch den Heiligen Geist,
geboren von der Jungfrau Maria,
gelitten unter Pontius Pilatus,
gekreuzigt, gestorben und begraben,
hinabgestiegen in das Reich des Todes,
am dritten Tage auferstanden von den Toten,
aufgefahren in den Himmel;
er sitzt zur Rechten Gottes, des allmächtigen Vaters;
von dort wird er kommen,
zu richten die Lebenden und die Toten.
Ich glaube an den Heiligen Geist,
die heilige katholische Kirche,
Gemeinschaft der Heiligen,
Vergebung der Sünden,
Auferstehung der Toten
und das ewige Leben.
Amen.